CB025311

LITERATURA

MARISA LAJOLO

LITERATURA

Ontem, hoje, amanhã

editora
unesp

Direitos de publicação reservados à:
Fundação Editora da Unesp (FEU)
Praça da Sé, 108
01001-900 – São Paulo – SP
Tel.: (0xx11) 3242-7171
Fax: (0xx11) 3242-7172
www.editoraunesp.com.br
www.livrariaunesp.com.br
atendimento.editora@unesp.br

Dados Internacionais de Catalogação na Publicação (CIP) de acordo com ISBD
Elaborado por Vagner Rodolfo da Silva - CRB-8/9410

L191L

Lajolo, Marisa
    Literatura: ontem, hoje, amanhã / Marisa Lajolo. – São Paulo: Editora Unesp,
2018.

    Inclui bibliografia.
    ISBN: 978-85-393-0722-7

    1. Literatura. 2. Teoria literária. 3. História da literatura. I. Título.

2018-339   CDD 800
                                                                        CDU 8

Editora afiliada:

Asociación de Editoriales Universitarias
de América Latina y el Caribe

Associação Brasileira de
Editoras Universitárias

Encarando o risco de assustar leitores – criaturas que se assustam com muita facilidade! –, informo que este livro completou trinta anos em 2012.

Em sua primeira edição (1982), fazia parte da coleção Primeiros Passos (Editora Brasiliense) e se chamava *O que é literatura*.

A versão de agora não é a mesma de 1982. Aliás, as muitas dezenas de reimpressões da edição original não sobreviveram a 2001, quando a Editora Moderna o relançou com o título *Literatura: leitores e leitura*. Esta versão reescreve as anteriores. Em trinta anos o mundo muda, e nós com ele.

E a literatura conosco.

Esta nova versão tenta dar conta de pelo menos algumas dessas mudanças.

Sumário

Capítulo 1
No qual se põem algumas cartas na mesa, escondem-se outras na manga, funda-se o Clube dos Leitores Anônimos, a cujos sócios se endereça a questão: *O que é literatura?*

Cuidado, leitor!
Ao dobrar esta página,
Nada tema: o poeta
É só um sonho do poema.[1]

Bem-vindos todos, internautas leitoras e leitores, a estas maltraçadas linhas!

Fico encantada de estarmos juntos nessa discussão, no momento em que tanta gente jura que ninguém lê, que a literatura morreu. Você, eu, seu amigo, minha colega e todos os outros sócios do seletíssimo Clube de Leitores Anônimos sabemos que é mentira, que a literatura vai bem, obrigada, está vivinha da silva, e até manda lembranças...

---

1 Vogt, Advertência, *Geração*, p.9.

Mas ela mudou.

Mudou muito.

Mudou de cara, de endereço e até de família.

E tem quem não a reconheça no novo endereço, tem quem desfaça da parentela que veio de longe. Tem uma voz ali atrás, resmungando: então música popular é poesia? E fanfiction? Telenovela tem tanto valor quanto romance? E o que vem em blogs? Folheto de cordel tem a mesma importância estética que a epopeia...? São vozes rabugentas, mas paciência, que nessa conversa volta e meia vamos ter de dialogar com esses e outros resmungos semelhantes.

São resmungos cinco estrelas: os donos dessas vozes dão aulas, escrevem livros imensos, dão entrevista aos jornais, aparecem na televisão. Semana passada, um jornal de grande tiragem – vamos imaginar que se trata de *A Gazeta de Sarapalha* – publicou um artigo que exprimia muito do que essas vozes dizem:

> [...] viciada na televisão e em histórias em quadrinho, e já agora também em videogames, blogs, sites e games, a juventude de hoje é pouco amiga dos livros e dá as costas à leitura. Dona de um vocabulário muito parco, sua fala é ainda corrompida pela gíria das ruas e pelos estrangeirismos que ameaçam a soberania da língua nacional. Mesmo nos cursos de Letras, não poucas vezes os clássicos da literatura são substituídos por autores menores, esteticamente inexpressivos, que nada têm em comum com a estirpe de um Machado de Assis ou de um Proust [...]

Paulada, não é mesmo? Mas que ninguém se assuste. Esse pessimismo todo não tem nada de novo. Salvo raras exceções, intelectuais e professores foram sempre *do contra* quando se trata de inovações culturais.

E a literatura está sempre inovando, ganhando cara nova. A literatura hoje não é mais sempre e só artesanal, nem é produzida por umas poucas indústrias ou escrita por uns poucos escritores que têm o monopólio do mercado e da crítica. Hoje a literatura é produzida por uma indústria tão sofisticada quanto a indústria de alimentos, que oferece molho de tomate para todos os gostos, com coentro ou sem cebolinha, com pedaços grandes de tomate ou como creme homogeneizado.

Macarronada *per tutti*!

Quando Castro Alves (1847-1871),[2] grande poeta brasileiro, descrevia – há bem mais de um século – seu sonho de um mundo onde houvesse "livros, livros a mancheias", estava profetizando nosso hoje. Pois os livros, a partir de meados do século XX, multiplicaram-se vertiginosamente, inclusive no Brasil. Dados de pesquisa da Câmara Brasileira do Livro (CBL), ano base 2016, registram a produção de 17.373 novos títulos que geraram 80.026.152 exemplares. No mesmo ano, do total de 427.188.093 exemplares produzidos, 59.769.489 podem ser considerados *literatura*.[3]

Livros de todo feitio, para todo feitio de leitores. Livros impressos e livros digitais.

Romances de amor para quem curte histórias cheias de beijos intermináveis e quentes, e romances sem amor para quem se amarra em histórias de bandidagem e armamento pesado. Per-

---

2 Datas de nascimento/morte de escritores, bem como data de publicação de suas obras, são indicadas a partir de pesquisa em diferentes sites.

3 Disponível em: <http://cbl.org.br/imprensa/noticias/setor-editorial-teve-queda-real-de-52-em>.

sonagens em que se clica e frases que se sublinham. Histórias com as quais se gargalha e histórias com as quais se sorri de lado. A literatura de hoje fala de vários mundos: alguns parecidíssimos com o nosso, onde, por exemplo, tem gente que morre de fome nas ruas; mas também fala de mundos muito diferentes, habitados por espíritos, anjos, vampiros, energias e demônios. A literatura traz para o nosso lado mundos prometidos pela ciência, com seres artificiais sofisticados e com seres naturais manipulados em laboratório. Há histórias com palavras e imagens e histórias só com imagens. Poemas que são imagens e imagens que são poemas, poemas curtinhos empilhando palavras, poemas compridos espaçando palavras, poemas com rima, poemas sem rima...

Ou seja, arrombou-se a festa, querido leitor!

A literatura, hoje, parece estádio de futebol em dia de final de campeonato: sempre cabe mais um, e tem até cambista vendendo ingresso para quem chega tarde. Mas há também, é claro, o setor das numeradas e das cadeiras cativas: pois a literatura de que falam professores e livros mais convencionais continua viva, vai bem, obrigada, e até — como já se disse — manda lembranças. Apenas não está mais sozinha em cena. Está acompanhada, e muito bem acompanhada! Ao lado dos romances esotéricos, da poesia de autoajuda, da ficção científica e do romance policial, continuam a ser lidos e apreciados romances antigos (os chamados clássicos), a poesia dos sonetos, contos... e o que mais? Crônicas, haicais, histórias em quadrinho... Talvez venham dessas múltiplas faces da literatura os resmungos mal-humorados que zumbem em nossos ouvidos.

O que quer dizer que Homero (século IX a.C.), Dante Alighieri (1265-1321), Eça de Queirós (1845-1900) e Guimarães Rosa (1908-1967) escreveram, mesmo, páginas inesquecíveis. Tão inesquecíveis que algumas hoje são digitais, e-books excelentes e muito distintas do que escrevem hoje os Titãs, Paulo Coelho, Rodolfo Cavalcanti, J. Grisham, Rafael Dracon e Patrícia Rebouças.

Mas diferente não quer dizer pior.

Só quer dizer *diferente*.

Em geral, as vozes donas da verdade, vozes que não convivem bem com a diferença, usam óculos que veem o diferente como pior e estão habituadas a ter sempre razão. Por mais divergentes e contraditórios que sejam seus pontos de vista sobre a literatura, tais vozes acabam circulando sempre pelo mesmo universo. Universo imenso, mas com fronteiras: limitado por... por quem? Rs rs rs! Vamos dizer, por Marcel Proust (1871-1922) ao norte, por Jorge Luis Borges (1899-1986) ao sul, por Clarice Lispector (1926-1977) a leste e... por quem, mesmo, a oeste? Edgard Allan Poe (1809-1849)? T.S. Eliot (1888-1965)? Poe e Eliot a oeste, certo!

Além de terem cacife alto, as vozes donas da verdade não resmungam por mal, coitadas. Elas têm razão ao considerarem Proust, Jorge Amado, Lispector, Poe e Eliot excelentes, maravilhosos. Mas não são esses os únicos escritores que são maravilhosos e excelentes. Quem acha que literatura é privilégio de uma ou duas dezenas de escritores se engana.

Grande e ledo engano o deles!

Ou seja, embora algumas vozes resmungonas prefiram Oswald de Andrade (1890-1954) e outras Drummond de Andrade

(1902-1987), há mais em comum entre elas do que a mera coincidência de sobrenome de seus escritores preferidos.

As vozes resmungonas assumem as posições que assumem a partir e em nome de uma tradição cultural que vem se construindo há séculos. A questão *o que é literatura?*, para qualquer delas – como para qualquer intelectual de sua classe e quilate –, exige respostas que retomem e atualizem tudo o que já foi escrito até hoje sobre o assunto.

Embora resmungonas, essas vozes sabem o que dizem e não dizem o que dizem sozinhas. Fazem parte de uma longa e respeitável tradição. Mas essa tradição cultural que as apoia, se tem o respaldo de muitos séculos, tem também a civilização ocidental por horizonte. E a civilização ocidental foi (ou ainda é um pouco?) por longo tempo branca, masculina, bem alfabetizada e com conta no banco…

Não é mesmo, leitores proletários e leitoras negras?

Aquém e além dos que resmungam, uma multidão de gente, você, eu, todos nós, sócios entusiasmados do Clube dos Leitores Anônimos, eventualmente já nos perguntamos e já nos respondemos *o que é literatura?* Perguntas permanentes, respostas provisórias. Tão permanentes umas e provisórias outras quanto o são as perguntas e respostas com que lidam os intelectuais do time dos que reclamam e resmungam. Só que – no nosso caso – sem o reflexo do espelho, das citações, dos interlocutores.

Então, em igualdade de condições, é arregaçar as mangas e pagar pra ver.

CAPÍTULO 2
NO QUAL SE CONTEMPLAM, COM MALÍCIA E IRREVERÊNCIA, ALGUMAS DAS FACES *DO QUE SE CHAMA DE LITERATURA*

*Lembrou-se, antes de dormir, que precisava começar
a ler livros mais grossos: demoravam mais para acabar
e eram travesseiros mais confortáveis durante a noite.*[4]

Não se pode dizer que literatura é aquilo que cada um considera literatura? Por que não incluir no conceito de literatura as linhas que cada um rabisca em momentos especiais, como o poema que seu amigo fez e enviou para a namorada, e não mostrou para mais ninguém? Por que não chamar de literatura a história de bruxas e bichos que de noite, à hora de dormir, sua mãe inventava para você e seus irmãos? E a fanfiction que dá vida mais longa a personagens de romances e de novelas mais antigas? Por que não seriam literatura os poemas que a jovem poeta es-

---

4 Coelho, *O alquimista*, p.13.

creve no computador, põe na internet e convida os internautas a lerem?

Esses textos não têm a mesma cidadania literária que um romance famoso de Gustave Flaubert (1821-1880) ou José de Alencar (1829-1877)? Uma resposta direta à pergunta *o que é literatura?* nem sempre é a melhor saída, leitora compulsiva...

Saiba, por exemplo, que um professor de literatura inglesa contemporâneo de Shakespeare (1564-1616) ficaria espantado se lhe dissessem que Shakespeare *era* literatura.

– *Impossible! Never!* Aquele sujeitinho que escreve peças cheias de bêbados e desordeiros, e que é aplaudido por plateias fedidas e barulhentas?

Alguém hoje duvida que Shakespeare seja literatura com L maiúsculo e tudo? Aprenda então o vivíssimo leitor que *ser ou não ser literatura* é assunto que se altera ao longo do tempo e desperta paixões!

No século XIX carioca, se alguém dissesse aos seriíssimos mestres do Colégio Pedro II que aqueles padres, estadistas e bispos que tinham escrito sermões, orações e poemas à Virgem *não eram literatura*, eles não acreditariam: dava tanto trabalho ensinar tudo aquilo aos alunos!

Os alunos desses professores analisavam sermões, decoravam poemas, imitavam o estilo dos discursos. Os mais dedicados e endinheirados, quando cresciam e iam ser advogados, padres ou políticos, faziam o possível para escrever e falar do jeitinho dos textos que haviam estudado e que hoje *não são mais literatura...*

Pois um texto literário não é como uma aranha[5] que é aranha desde que nasce e para sempre, que foi aranha no Egito antigo, entre os índios do Arizona e continua a ser aranha nos cybercafés cariocas. Com um texto é diferente: pode vir a ser ou deixar de ser literatura ao longo do tempo.

Por isso é muito mais divertido discutir literatura do que aranhas, leitora de fé!

E discutir literatura é abrir os olhos e ouvidos, iniciar o tablet, olhar e ouvir em volta, ler livros, meditar sobre as frases pintadas a spray em muros e edifícios da cidade, e fazer a eles a pergunta: *o que é literatura?* Ou ligar o computador, navegar e perguntar às letras, graúdas ou miúdas, de uma ou de várias cores, que escorrem na tela, na horizontal ou na vertical: *o que é literatura?*

As respostas vêm devagarinho: alguns livros são muito conhecidos e estão em todas as livrarias, todos sabem o nome de quem os escreveu. Ooooops! O *todos* da frase anterior é só um modo de dizer. Digamos, *quase todos*, ou, melhor ainda, *quase todos de uma certa tribo.* Pois não há mágica capaz de transformar em leitores quem, por qualquer razão, não pode ler ou não está a fim de…

Parte dos mais de 200 milhões de brasileiros[6] que, por direito de idade e por escolaridade oficial, poderia ter acesso a bibliotecas e congêneres, por muita\$ outra\$ razõe\$, é como \$e não pude\$\$e. Fora e\$\$e\$, tem ainda quem não está a fim de discutir literatura.

---

5 Esta história da aranha foi inspirada em Terry Eagleton (*Teoria literária:* uma introdução).

6 O IBGE registrou 207,8 milhões de habitantes em 2016.

Como é que fica quem não está a fim?

Não fica…

Mas, poxa, se não está a fim, não vá ser professor nem professora, que não dá certo!

Voltando, então: *quase todos de uma tribo* dizem ter lido ou pretender ler tal ou qual autor. Fagundes Varela (1841-1875), José Lins do Rego (1901-1957), Dalton Trevisan, Luiz Ruffato podem incluir-se nesse caso. São badalados, são às vezes estudados nas escolas, sua obra é analisada em teses e congressos. Os vivos recebem convites para conferências, participam de noites de autógrafos e feiras de livros.

Já outros – muitos e muitos outros – não desfrutam dessa festa toda.

Seus nomes são desconhecidos, suas obras são difíceis de ser encontradas, não constam das bibliotecas, ninguém fala delas. Eles imprimem às vezes seus próprios livros e não encontram leitores para além da família e dos amigos mais próximos.

Em pequenas comunidades, cantadores, repentistas, contadores de histórias – embora só raramente projetem seus nomes nos circuitos eruditos das grandes cidades – são amados e respeitados por um público, que é fiel a eles.

Enquanto isso, em segmentos modernos e requintados da indústria livreira, livros de grande sucesso – os *best-sellers* – podem ser escritos numa espécie de linha de montagem. A produção da obra começa por um levantamento das expectativas do público: tipo de história de que gosta mais, frequência esperada de cenas de sexo e de violência, cenários e ambientes preferidos, coisas assim. Com base nesses dados, pode-se escrever um romance *sob medida* para um certo tipo de público. Como investimento comercial, livros desse figurino correm riscos mínimos e oferecem boas perspectivas de retorno financeiro. Na área da literatura infantil e juvenil, muitos livros são encomendados para tratarem de temas que, acredita-se, as crianças e jovens devem ler.

Sentiu o drama, leitor dramático?

Com formas tão diferentes de produção e circulação de objetos igualmente denominados *literatura*, será que é possível defini-la? Vamos chamar de literatura tanto os romances de autores contemporâneos consagrados – como Ariano Suassuna e Lya Luft, poesias de Manoel de Barros ou de Adélia Prado – quanto as produções quase anônimas de cantadores de feira e autores marginais? Vão para o mesmo saco (de gatos...) *best-sellers* e requintadas obras de vanguarda que apenas poucos leitores entendem? E cabe também a etiqueta *literatura* para aqueles autores como Rui Barbosa (1849-1923) e Coelho Neto (1864-1934), que parecem sobreviver apenas em manuais escolares mais antigos? E será que o selo *literatura* também se aplica a romances espíritas e livros de autoajuda que auxiliam e espiritualizam seus fiéis leitores, mas não são adotados em nenhum curso?

Antes que meu esquivo leitor desista e feche este livro, fique sabendo que o problema não aflige só gente como nós, os humildes sócios do Clube dos Leitores Anônimos. A questão preocupa também gente mais graúda, escritores de grande renome.

Mário de Andrade (1893-1945), um escritor paulista, parece ter enfrentado a questão de maneira exemplar: irritado com as intermináveis discussões sobre o que era e o que deixava de ser *conto*, virou a mesa e puxou o tapete. Na história intitulada "Vestida de preto", escrita entre 1939 e 1943, proclamou: "Tanto andam agora preocupados em definir o conto que não sei bem se o que vou contar é conto ou não, sei que é verdade". Anunciou logo depois que "conto é tudo aquilo que o autor chama de conto".

Com essa fala desbocada, Mário de Andrade ganha aplausos e admissão em nosso anônimo porém seletíssimo clube, onde também podemos receber e aplaudir Rubem Braga (1913-1990), autor de outro desabafo exemplar.

Cronista de grande público toda a sua vida, Rubem Braga não encontrava seu nome em livros de história literária e tampouco se via incluído em cursos de literatura. Considerou-se vingado no momento em que uma antologia de suas crônicas foi incluída numa coleção com um título explicitamente literário, a *Literatura comentada*, editada pela Abril Cultural, por volta de 1980 e pouco. Na companhia de Rubem Braga e de Mário de Andrade podemos temperar a voz e voltar a indagar de nossos botões: *o que é literatura?*

Será que são literatura os poemas adormecidos em gavetas, pastas, fitas, disquetes, CDs, cadernos e arquivos pelo mundo afora, os romances que a falta de oportunidade impediu que fossem publicados, peças de teatro nunca lidas nem encenadas e que jamais encontrarão ouvidos de gente? Será que tudo isso é literatura?

Pode ser, pode ser...

E, se não é literatura, por que não é? Para uma coisa ser considerada literatura tem de ser escrita? Tem de ser editada? Tem de ser impressa em livro e vendida ao público?

Infelizmente parece que sim, leitor insistente, parece que sim...

Será então que tudo o que foi publicado em livro é literatura? Mesmo os romances pornôs que nenhum professor manda ler, de que crítico nenhum fala, mas que são devorados por milhares de leitores anônimos como nós?

Haja paciência, leitora interrogativa!

A resposta é simples. Tudo isso *é*, *não é* e pode ser que seja literatura. Depende do ponto de vista, do significado que a palavra tem para cada um, da situação na qual se discute o que é literatura.

Pensando bem, era mesmo, com certeza, muito mais fácil discutir aranhas, querida leitora!...

CAPÍTULO 3
NO QUAL SE SURPREENDEM SEGREDOS INCONFESSÁVEIS E MODOS DE SER ESPANTOSOS DE ALGUMAS DAS FACES *DO QUE SE CHAMA DE LITERATURA*

O Rei não obra só; pois, na linguagem,
Obra mais do que o Rei a vassalagem.[7]

Mas chega de rodeios, que paciência de leitor – mesmo a de leitores fidelíssimos como os meus – é curta, não é verdade?

Vamos, pois, a um *finalmente* que dê a sensação de que não perdemos tempo, e que, a essa altura, já estamos mais próximos de saber *o que é literatura* do que estávamos quando este livrinho nada mais era do que um bloco de folhas numa estante de biblioteca ou livraria, ou séries de figuras e letras numa telinha de computador.

Uma obra literária é um objeto social muito específico.

---

7 Apud *O polichinello*, 21 maio 1876, n.6, ano I, p.2, s/autor.

Para que ela exista, é preciso, em primeiro lugar, que alguém a escreva e que outro alguém a leia. E, para ela passar das mãos do autor aos olhos do leitor, várias instâncias se interpõem: editor, diagramador, impressor, distribuidor e livreiros são algumas delas. Ooooooops! *São*, no caso do livro impresso... Constituem uma espécie de *corredor* pelo qual passa a obra antes que se cumpra sua natureza social, de criar um espaço de interação entre dois sujeitos: o autor e o leitor. No caso do livro digital, desaparecem algumas dessas personagens e surgem outras: o programador, por exemplo. Mas chega de rodeios! Para o *finalmente* acima prometido ser completo, podemos chamar de *interação estética* esse encontro leitor/autor. Desde, é claro, que não nos assustemos com a proparoxítona *es-té-ti-ca*!

Com efeito, leitor trissílabo e oxítono!

Saindo desse circuito, cujo reconhecimento é indispensável para a caracterização do sistema de produção literária impressa, é preciso dizer que ele não dá todas as respostas e que há mais coisas, entre o autor e o leitor, do que o sistema de produção.

Para que um texto seja considerado literatura (e aqui aqueles rabugentos talvez gostassem de uma inicial maiúscula: Literatura...) é preciso algo mais do que interação entre seu autor e seus leitores. A literatura tem de ser *proclamada* e só os canais competentes podem proclamar um texto ou um livro como *literatura*.

Quem são esses canais?

Boa pergunta: quem são?

Canais competentes são as instâncias – instituições, eventos, publicações, titulações – às quais cumpre apontar, atestar e chancelar a literalidade de certos textos em circulação. Cabe aos canais competentes – espécie de cartório que reconhece e autentica firmas – estabelecer e afiançar o valor ou a natureza artística e literária de uma obra.

Para que uma obra seja considerada parte integrante da tradição literária de uma dada comunidade ou tradição cultural, é necessário que ela tenha o endosso dos *canais competentes* aos quais cabe a proclamação de um texto como *literatura* ou *não literatura*, isto é, a *literarização* de certos textos. E os mesmos canais competentes *avaliam* a qualidade: *obra-prima? Mais ou menos? Obra fraca?*

E quem são esses setores especializados, esses canais competentes?

São poucos, ou são muitos, mas são sempre os mesmos: como ensina a música de Caetano Veloso, "Narciso acha feio o que não é espelho". Setores especializados responsáveis pela *literarização* maior ou menor de um texto, pela valorização menor ou maior de outro são os intelectuais, os professores, a crítica, o merchandising de editoras de prestígio, os cursos de letras, os júris de concursos literários, os organizadores de programas escolares e de leituras para vestibular, as listas de obras mais vendidas...

Algumas das vozes responsáveis pela literarização ou desliterarização de um livro ou de um texto são nitidamente institucionalizadas. Outras, não. A Academia Brasileira de Letras, por exemplo, tem sede, regimento e estatutos. Sem sede nem carteirinha, outras vozes agem nas esferas do subentendido, do dito nas entrelinhas, do tacitamente consentido. A crítica, por exemplo, tem várias caras e inúmeras vozes: inclui tanto as opiniões pessoais de um desafeto ou de um amigo do autor quanto o estudo minucioso de uma obra numa publicação especializada em literatura, por exemplo, uma revista universitária ou uma associação de professores. Também a nota breve com que a editora apresenta o livro na quarta capa, na orelha ou mesmo em releases para a imprensa faz parte do corpo de vozes que constroem, discutem e avaliam perfil e valor literários de um dado texto.

Entre as instâncias responsáveis pelo endosso do caráter literário de obras que aspiram ao status de literatura, a escola é fundamental. Ela é a instituição que há mais tempo e com maior eficiência vem cumprindo o papel de avalista e de fiadora *do que é literatura*. A escola é uma das maiores responsáveis pela sagração ou pela desqualificação de obras e de autores. Ela desfruta de grande poder de censura estética – exercida em nome do bom gosto – sobre a produção literária.

Pagando para ver, desconfiado leitor?

Faz bem.

Faz muito bem. A importância da escola no sistema literário manifesta-se, por exemplo, na expressão *clássico* e seus derivados, de trânsito tão frequente em livros e aulas de literatura.

Originalmente, *clássico* era um conceito que abrangia apenas obras latinas e gregas. Só posteriormente passou a incluir também obras escritas nas várias línguas europeias ao longo dos séculos XIV, XV e XVI.

A esse significado cronológico – de indicar obras produzidas em determinadas épocas – acrescentou-se com o tempo um outro significado: *clássico* passou a indicar também um *juízo de valor*. O que é *clássico* é sempre bom, quer se trate de uma partida de futebol, de livros, de pratos da culinária chinesa ou da moda!

Ou seja, um jogo Fla-Flu é tão clássico quanto o *Fausto* (1831) de Goethe (1749-1832), como o frango xadrez ou o vestido pretinho que quebra todos os galhos. Tudo isso é *clássico*!

Com esse significado de algo *excelente, de boa qualidade*, um autor ou texto não precisam ser contemporâneos nem da Grécia de Eurípides (485-406 a.C.) nem da França de Racine (1639-1699) para serem considerados *clássicos*. Basta que sejam reconhecidos como excelentes, acima de qualquer suspeita... é nesse sentido de *excelência* que se pode dizer que Fernando Sabino é um clássico da crônica; Noel Rosa (1910-1937), um clássico da MPB; e Ziraldo, um clássico do cartum.

E sabe por que a palavra *clássico* desenvolveu um significado segundo (de excelência) sobre um significado primeiro (de algo produzido numa determinada época)? Saber isso ajuda a entender a importância da escola no estabelecimento *do que é* e *do que não é* literatura.

A palavra *clássico* é derivada de *classis*, palavra latina que significa *classe de escola*.

No tempo em que a escola mandava seus alunos lerem apenas autores latinos e gregos, esses autores começaram a ser chamados de *clássicos* por ser sua leitura recomendada às *classes*, isto é, por serem *adotados* nas escolas.

As marcas da escola como instituição avalista do que se considera literatura persiste em outras expressões correntes nos estudos literários, onde se fala, por exemplo, em *escola romântica*, ou *escola realista*. Essa *escolarização* da literatura, no entanto, às vezes fica tão monótona e torna a literatura tão sem graça que Mário de Andrade formula o que poderia ser o lema de nosso Clube dos Leitores Anônimos: "Em arte: escola = imbecilidade de muitos para vaidade dum só".[8]

Mas para que tanto rodeio?, talvez se pergunte o leitor apurado...

O caso é que conhecer o lugar social de onde vêm as respostas mais correntes à pergunta *o que é literatura?*, apurada leitora, não diminui o prestígio social de que desfrutam tais respostas nem é garantia de virar o jogo. Mas, sem dúvida, conhecer a estratégia do adversário e as regras do jogo aumenta as chances no campeonato! Ou seja: se saber como se formam os ciclones não dá a ninguém poder sobre eles, saber identificá-los mais cedo dá tempo de procurar abrigo mais seguro, o que não é pouco, leitor afoito!

Saber de onde vêm e como se formulam certas noções de literatura torna nossa opinião mais rigorosa e nossos argumentos mais fortes. Permite-nos identificar os recursos retóricos e ideológicos em que se fundam os conceitos *oficiais* de literatura e aumenta nossa garra para bater o pé quando nos dizem que tal ou qual conceito é uma verdade maior e absoluta.

Ora, senhores e senhoras! Conosco, sócios do Clube dos Leitores Anônimos, verdades só menores e relativíssimas!

---

8 Andrade, Prefácio interessantíssimo. In: _____, *Poesias completas*, p.32.

Certos grupos sociais vêm há séculos definindo e avaliando os textos considerados literatura, começando pela seleção, dentre o conjunto deles, daqueles aos quais vão dedicar sua reflexão. Nesse esforço contínuo de definição retomam-se, rebatem-se e prolongam-se definições anteriores. Começam com Aristóteles (344 a.C.-322 a.C.). Ou com Nicolas Boileau (1636-1711), na França. Ou com Alexander Pope (1688-1744), na Inglaterra. Ou com... com quem na tradição vernácula? Em Portugal, com Luís Antônio Verney (1713-1792)? No Brasil, com Januário da Cunha Barbosa (1780-1846) ou com Sílvio Romero (1851-1914)?

Não se assuste, solerte leitora, mas, nessa trilha conceitual, a discussão exige, de quem quer participar dela, familiaridade com a linguagem da Filosofia, da História, da Sociologia, da Antropologia e de muitas outras *logias*.

Para entrar nessa discussão, é preciso ter ingresso.

Para dizer a verdade, é preciso *comprar* ingresso.

E os ingressos – livros, cursos, escolas – nem estão sempre por aí nem são oferta grátis. Além de dinheiro, custam também o que custa ter acesso – e de preferência, aderir – a certas formulações culturais. Em geral formulações brancas, quase sempre originadas no Primeiro Mundo, muitas vezes com barba e bigode... Não, não é à toa que essas vozes podem ser consideradas *dominantes*. Faz parte do cardápio de dominação que elas exercem o estabelecimento do que é literatura, a fixação dos padrões de *bom gosto*, a caracterização da *sensibilidade estética* e alguns outros etcéteras.

Tempo houve em que a viagem pelos conceitos de literatura, arte, filosofia era da competência de apenas umas poucas cabeças. E sendo essas poucas cabeças as que mais discutiam conceitos, os estudos literários acabavam impondo tais conceitos e formulações. Era como se conceitos literários só pudessem ser expressos na língua dos que usavam óculos... *um certo tipo de óculos*. Hoje, entretanto, com o desenvolvimento de outros modelos de óculos, parece que olhos e ouvidos ficaram mais agudos e começou-se a ouvir e ver que sempre houve gente discutindo *o que é literatura*.

Discutindo e definindo.

Hoje temos...

Definitivamente, intrépido leitor, quem escreve e quem lê um livro como este aqui, já está a meio caminho do oculista!

As situações nas quais precisamos de uma resposta para a pergunta *o que é literatura?* são muito marcadas. Se não têm fardão e beca no horizonte, têm quase sempre lousas, exames e livros como cenário. Mas também podem e precisam ter uma função na vida de cada um. Pois, se o script é o que nos deram, há sempre um jeito de desobedecer a ele, improvisar e provocar rupturas maiores ou menores.

Há, portanto, que escolher o tom de voz certo.

O que, no entanto, não impede ninguém de mostrar a língua quando todos estão de costas. Ou, os mais afoitos, em pleno palco, e de frente para a plateia.

Que o mais é guardar-se pra quando o Carnaval chegar!

Capítulo 4
No qual se devassam truques, máscaras e maquiagem dos bastidores *do que se chama de literatura*

Um dia apareceremos leitor
Nas estatísticas
Catalogados em ocorrência policial.[9]

Com o bloco nas ruas, vamos estabelecer que *literatura* não tem *apenas uma* definição. Ela não pode ser definida como podem ser definidos – com certa unanimidade – um composto químico, um acidente geográfico, um órgão do corpo humano.

Pode-se definir, sem muito sangue na arena, *água, cordilheira, aparelho respiratório*. Mas a poeira é muita quando se tenta definir *literatura* ou *liberdade*... e não é só porque ambas começam pela letra L! Arte e cultura não têm a mesma inicial, começam por A e por C, respectivamente, e também é complicadíssimo defini-las!

---

9 Paixão, Retrato. In: _____, *25 azulejos*, p.35.

Nesse campo, as perguntas são muitas e as respostas, mais numerosas ainda. Há tanta gente pensando no assunto (aliás, sempre houve) e tantas e tão diferentes são as respostas sugeridas que não dá para dizer que uma delas é correta e descartar todas as outras. Dar, até que dá. Mas só para os ingênuos e os simples, que leem um livrinho ou outro e saem por aí achando que literatura é isso ou aquilo, que arte é aquilo ou isso.

Já *nosotros*, nem simples nem ingênuos, mas galhardos sócios do Clube dos Leitores Anônimos, achamos que literatura é isso, aquilo e mais aquiloutro, não é mesmo?

O que é literatura? A pergunta é complicada justamente porque tem *várias* respostas. E não se trata de respostas que vão se aproximando cada vez mais de uma grande verdade, da verdade-verdadeira, da Verdade, ou da VERDADE. Cada época e, em cada época, cada grupo social tem sua resposta, sua definição. Respostas e definições – vê-se logo – para uso interno.

Ao longo dos 2 mil e muitos anos que nos separam de – digamos – Platão (~428-~348 a.C.), vários têm sido os critérios pelos quais se tenta identificar o que torna um texto *literário* ou *não literário*: o tipo de linguagem empregada, as intenções do escritor, os temas e assuntos de que trata, o efeito produzido por sua leitura... tudo isso já esteve ou ainda está em pauta quando se quer definir literatura. Cada um desses critérios produziu definições consideradas corretas, aceitas durante certo tempo. Funcionam para uso interno daquele grupo ou daquele tempo, e as respostas correspondem ao que foi (ou é) possível pensar de literatura num determinado contexto.

A arguta leitora já observou como as definições sempre funcionam para quem as produz?

E por que não funcionariam, leitor arguto?

Afinal, pensadores, escritores, artistas e demais envolvidos em teorias e práticas de literatura discutem o tema. Discutem e escrevem, polemizam (antigamente às vezes até duelavam!), formulam e reformulam conceitos de literatura que correspondem ao contexto de produção de seu tempo, aos horizontes dos leitores, às práticas de leitura em vigor naquela época. Por isso parecem explicar de forma convincente *o que é literatura*.

Mas a explicação só funciona temporariamente.

Quando surgem novos tipos de poemas, romances e contos e outras multidões de leitores entram em cena, livros passam a ser lidos de forma diferente. Os novos leitores piscam os olhos e limpam os óculos, engatam novas discussões, formulam novas teorias, propõem novos conceitos até que a poeira assenta para, de novo, levantar-se em nuvem tempos depois.

Ou seja, há relação profunda entre as obras escritas num período – e que, portanto, são a literatura desse período – e a resposta que esse período dá à questão *o que é literatura?*

Há uma espécie de solidariedade entre práticas e teorias da literatura. Em outras palavras, e com perdão da obviedade: os conceitos de literatura (isto é, *certos conceitos*, por exemplo, os de tradição filosófica) são inspirados pela leitura das obras literárias. Isto é, de *certas obras*, de livre trânsito em *certos meios*... Reciprocamente, as obras literárias de certo tempo incorporam tais formulações, validando-as e validando-se como literatura aos olhos de seus formuladores.

Teorias e práticas literárias, então, parecem condenadas a se repetir umas às outras. Se fossem mero eco recíproco, o texto literário e suas teorias chegariam ao impasse do silêncio. Mas não é o que ocorre.

Práticas e teorias literárias são... Baaaaaaaang! Salvas pelo gongo!!

O gongo, na criação, é a ruptura, o momento da vanguarda. No campo teórico, o gongo é o momento do novo paradigma. Vanguarda e novos paradigmas teóricos, assim, patrocinam a subversão do que se dizia e se fazia em nome da literatura.

Engendram-se aí novas respostas à velha indagação: *o que é literatura?*

E recomeça o diálogo, não só do texto literário com sua teoria, mas da produção literária de um dado período com o conjunto de obras que a precedeu. Para nomear esse ininterrupto diálogo de uma obra com as muitas outras que a precederam ou lhe são contemporâneas, os estudos literários cunharam a expressão *intertextualidade*. Que o leitor palavroso me perdoe esse palavrão de oito sílabas, que vai retornar com força (e mais explicações) lá na frente.

Também pela intertextualidade rompe-se o círculo de teorias e práticas que constituem um espelho no qual mutuamente se contemplam ambas. Na releitura do passado, mantém-se a ideia de uma linhagem de autores e de textos que constituem a grande família da literatura, como num álbum. Mas as fotos no álbum mudam de posição, ganham novas legendas, algumas se perdem (como os oradores estudados em antigos cursos de literatura brasileira), outras se acrescentam (como foi o caso de Shakespeare, na Inglaterra).

É a vida que continua, veja só, leitora desconfiada.

Com a imagem de um álbum de retratos fica a ideia de que as definições propostas para *literatura* importam menos do que o caminho percorrido para chegar a elas. Ou, dizendo com Fernando Pessoa (1888-1935), aquele poetinha danado de bom, o que importa mesmo é esperar dom Sebastião, *quer venha ou não*.

Acompanhar, então, como a literatura foi concebida, praticada, interpretada e avaliada em diferentes momentos é um caminho. Pode multiplicar nossos *finalmentes* ou, pelo menos, fragilizar os *finalmentes* alheios. No tempo devido lá iremos, leitores, lá iremos! E nessa vereda teremos multidões de companheiros e companheiras, que essa trilha é a mais batida dos estudos literários.

Mas, antes de acompanharmos as multidões, mais um minuto (na verdade, um capítulo) de sua atenção, atento leitor, para uns toques sobre a íntima e delicada relação da literatura com a linguagem.

CAPÍTULO 5
NO QUAL SE APONTA A ANTIGA, SÓLIDA E MUITO SUSPEITA ALIANÇA ENTRE QUATRO LETRAS "L": LINGUAGEM, LÍNGUA, LITERATURA & LETRAS

Foi de poesia
lição
primeira:
"A arara morreu
na
aroeira".[10]

O capítulo se abre pedindo socorro ao dicionário do Aurélio que inventaria significados da palavra "literatura" no lugar competente, isto é, ali na primeira coluna da página 1220 da quarta edição (2009) da Editora Positivo.

---

10 Fontela, *Teia*, p.17.

Literatura [Do latim *litteratura*]
s.f. 1. Arte de compor ou escrever trabalhos artísticos em prosa ou verso. 2. O conjunto de trabalhos literários dum país ou duma época. 3. Os homens de letras: *a literatura brasileira fez-se representar no colóquio de Lisboa.* 4. A vida literária. 5. A carreira das letras. 6. Conjunto de conhecimentos relativos às obras ou aos autores literários: *estudante de literatura brasileira; manual de literatura portuguesa.* 7. Qualquer dos usos estéticos da linguagem: *literatura oral* (q. v.). 8. fam. Irrealidade, ficção: *sonhador, tudo quanto diz é literatura.* 9. Bibliografia: *Já é bem extensa a literatura da física nuclear.* 10. Conjunto de escritos de propaganda de um produto industrial. [...]

São dez, como se vê, os significados recobertos pela palavra *literatura*.

Mas, antes que algum leitor emburrado me acuse de fugir da raia e passar a bola para o Aurélio em vez de modular com minha própria voz o que este livro promete discutir, explico o pedido de socorro: lá no verbete de Mestre Aurélio aprendemos várias coisas, entre as quais a origem da palavra "literatura", informação que vem entre colchetes, na abertura do verbete: [Do latim *litteratura*].

A forma latina *litteratura*, por sua vez, deriva-se de outra palavra igualmente latina: *littera*, que significa *letra*, isto é, sinal que representa, por escrito, um som da fala. Já se delineia aí uma relação estreita entre literatura e escrita. Em português, o parentesco letra/literatura prossegue e se estreita em expressões como *cursos de letras, academias de letras* e *belas-letras*.

Corra, cautelosa leitora! Corra e confira em verbetes de dicionários, impressos ou digitais, quantas vezes a noção de escrita está implícita ou explícita nos significados que ele registra para a palavra "literatura". Melhor ainda: além do Aurélio, consulte os livros que você tem na estante, ou que encontra em qualquer biblioteca e cujo título pareça promissor... Ou pergunte à queima-roupa a professores e colegas! Ou à sapientíssima www, escolhendo sites de instituições confiáveis.

Viu como eu tenho razão? Literatura e escrita são velhas parceiras, num jogo em que a escrita vale muitos pontos. Saber ler e escrever, além de fundamental para o exercício de graus mais complexos de cidadania, constitui marca de distinção e de superioridade em nossa tradição cultural. Tanto para indivíduos quanto para coletividades. Povos sem escrita costumam ser considerados *inferiores, sem história, bárbaros*. Talvez por isso tenha tanto prestígio um conceito de literatura que a articula tão estreitamente a manifestações escritas.

Além disso, antigamente *literatura* significava domínio das línguas clássicas, erudição, conhecimentos gramaticais, significados que reforçam sua parceria com a escrita. Só a partir de meados do século XVIII (epa! é preciso lembrar que século XVIII é aquele século que começa com 17...) a palavra *literatura* começa a ser empregada e entendida com significados próximos daqueles que hoje ela nos sugere.

Em algumas situações contemporâneas, noções e práticas de literatura se afastam da exigência de formas fixas, da manifestação de altos saberes, de linguagens, emoções e sentimentos elevados. Mas esse rompimento não foi nem total nem definitivo. É lento, num vai e volta caprichoso. Tem muita gente que, apesar do Modernismo (e até do Pós-Modernismo!) continua gostando de soneto: eu, por exemplo, adoro uma chave de ouro... E gravita ainda, em torno da noção de literatura, um restinho da aura que sacramentava seus usos mais antigos.

As antigas manifestações poéticas do velho Portugal podem esclarecer alguns termos da parceria literatura & escrita. *Cantigas, canções de amigo e canções de amor*, composições medievais portuguesas, eram textos cantados e dançados por coloridos jograis, trovadores e bailadeiras. Como sugere a palavra *canção*, poesia era, então, *voz*. Essa produção oral, no entanto, só se incorpora à literatura a partir do momento em que é recolhida e registrada em belos e imensos livros, chamados *cancioneiros*.

Não fosse o zelo de quem as transcreveu e preservou nos cancioneiros... quem saberia delas hoje? Nem eu nem você nem ninguém, o que seria uma pena!

Na passagem do oral ao escrito, no entanto, os textos deixam de ser música, dança e palavra falada e ganham a frialdade do traço sobre o papel, linhas secas fixadas para sempre numa forma imóvel, sem chance de incorporar reações da audiência, elementos da situação de apresentação.

Foi uma primeira queda de braço entre oralidade e escrita.

E a escrita ganhou a parada!

Mas quem disse que a tensão entre oral e escrito ficou lá no passado, leitor distraído? Não explode ainda hoje à nossa volta uma cultura riquíssima em sonoridades, tons e semitons e que nem sempre encontra espaço no domínio da literatura? O corpo não reivindica espaço e, reconquistado, explode em movimento, em dança, em sensações, em improvisos? Improvisos incompatíveis – ou compatíveis de forma apenas virtual – com o texto escrito. Movimento, visualidade, sonoridade, improviso, irrompem na música popular, uma das manifestações mais fortes da cultura brasileira contemporânea e cuja inclusão no campo literário ainda é bastante polêmica.

Muita gente torce o nariz, ao ouvir dizer que MPB é poesia. Que torçam o nariz que é deles, e cada um faz o que quer com o próprio nariz... Mas como fica o nariz deles depois que Bob Dylan ganhou o prêmio Nobel de Literatura? Também a telenovela, irmã caçula da radionovela, faz parte dos excluídos da literatura oficial, bem como a literatura infantil, a fotonovela, a história em quadrinhos... A literatura – aquela que os resmungões gostam de escrever com letra maiúscula – desconfia de tudo que não é escrito, ou de tudo que ao escrito acrescente outros códigos. Fazer o quê? Ter paciência e perdoar, já que a má vontade só marca a impotência e incapacidade dos que resmungam para lidar com o novo.

Nós, do Clube dos Leitores Anônimos, somos generosos...

Então, invadido pela música e em ritmo de MPB, este capítulo pode – como ficou prometido – demorar-se um pouco em questões de linguagem.

Respiração profunda, leitora deslumbrada e deslumbrante!

Quando o homem não era mais símio, mas não era ainda completamente humano, ele se maravilhou com a linguagem. Foi por meio dela, naquele tempo talvez limitada a ruídos ainda próximos do grito animal, que, como diz Camões, "suas coisas ausentes se fizeram tão presentes como se nunca passaram". O que era remoto e perigoso tornou-se familiar e amoldou-se à dimensão humana. Bichos, plantas, rios e montanhas receberam nomes. Foram reproduzidos em desenhos, simbolizados por sons e sinais gráficos. Impressa nos circuitos cerebrais daquele evoluído bípede implume, a capacidade de linguagem completou a transformação: o homem não era mais apenas um ser entre outros seres, mas o ser capaz de simbolizar os outros todos.

E, nessa faculdade de simbolização, vinha a possibilidade de conhecimento e de domínio. Começa, talvez, na Bíblia, quando Deus comanda: "Ide e dai nome a todas as coisas"...

Lendas e histórias que contam o poder mágico de certas palavras revivem o fascínio pela linguagem, a intuição do poder que ela nos confere. A história da caverna de Ali Babá que se abria por força mágica do comando "Abre-te, Sésamo!" ilustra o fascínio, numa bela antecipação de sistemas digitais operados por comando de voz. Também o Capitão Marvel, ao pronunciar "Shazam", invoca as qualidades olímpicas e heroicas dos deuses e semideuses que lhe delegam superpoderes, superando, assim, pela fala, sua frágil condição humana de Billy Batson. Outro indício do grande poder que se atribui à linguagem é o tabu que cerca a pronúncia de algumas palavras. Xingamentos e palavrões, embora sejam só *palavras*, podem acabar em sopapos e pipocos.

Em palavras que nomeiam certas doenças ressoam ecos tão negativos que elas são muitas vezes evitadas, sendo substituídas por circunlóquios e expressões atenuantes, assim como "mal de

Hansen" e "mal dos deuses" antigamente, eram a maneira de referir-se a *lepra* e *epilepsia*. Elas ilustram, na discriminação que sofrem, a crença no *poder* da palavra. Talvez seja o mesmo procedimento que, hoje, aconselha a que se substitua a palavra "velhice" por "terceira idade".

Será? Tem quem prefira assumir velhice...

Não poucas vezes, essa reverência quase supersticiosa relativa à linguagem transfere-se para a escrita. Na tradição judaica ortodoxa, a palavra *Deus* não pode ser escrita com todas as letras, em obediência ao preceito bíblico "não tomarás seu santo nome em vão". No aportuguesamento do preceito escreve-se *D'us* e, na mutilação da integridade da palavra, reproduz-se a desigualdade da relação homem/deus na perspectiva judaica e judaico-cristã. Ou seja, transferem-se para o universo da escrita as marcas que assinalam a especificidade de certos tipos de seres numa certa visão de mundo.

Casos e causos ilustram que o homem se comporta como se acreditasse que a pronúncia ou a escrita de certas palavras tivesse o poder de deflagrar a realidade da coisa nomeada. Ou seja, é como se a presença do nome fosse suficiente para carrear a presença do ser que ele nomeia. O que é positivo para Billy Batson pode ser assustador em outras situações. Há, por exemplo, quem evite pronunciar o nome de certas doenças...

Pesado, não é mesmo, leitor delicado?

Pesado também para os que acreditam piamente que as palavras são palavras e nada mais, quando é justamente o contrário! Há sempre um *a mais* em questões de linguagem.

E o que isso tem a ver com literatura, aguda leitora?

Tem muito a ver. Sem esquecer a lição de prudência de Drummond de Andrade que, embora sabendo e advertindo que "lutar com palavras é a luta mais vã", no verso seguinte preconiza força e garra no trato com a linguagem: "no entanto luto mal rompe a manhã".

Tem a ver, então, que talvez a literatura possa ser concebida como um dos resultados mais estimulantes dessa luta, um domínio muito competente das linguagens no registro dessas suspeitas de identidade entre nome e coisa. Temendo a violência do mundo dos seres, e ao mesmo tempo fascinado por ela, o homem vive e se move entre palavras, ora fortalecendo, ora atenuando o vínculo destes dois mundos: o *original* dos seres e o *simbólico* da linguagem.

Agora ficou sério e bonito, não, leitora inteligente?

O homem, assim, constantemente se faz recordar que os nomes *não* são as coisas. Mas, no mesmo movimento, percebe que as coisas só existem para ele, homem, quando incorporadas à sua linguagem. E é entre a momentânea certeza de que palavras e coisas constituem uma unidade e a igualmente momentânea angústia de que palavras e seres jamais se interpenetram que se configura a linguagem.

E onde a literatura faz sua morada.

Missão cumprida! E estamos prontos, pois, para os últimos ajustes finos antes do grande e maravilhoso mergulho na história de algumas práticas e noções de literatura.

Capítulo 6
No qual se flagra a promíscua aliança entre várias linguagens no interior *do que se chama de literatura*

*Há quem faça obras
eu apenas
solto as minhas cobras.*[11]

Literatura pode ser entendida como resultado de um uso especial de linguagem que, por meio de diferentes recursos, sugere o arbitrário da significação, a fragilidade da aliança entre o ser e o nome. No limite, ela encena a irredutibilidade e a permeabilidade de cada ser, pois participa de uma das propriedades da linguagem: a capacidade de simbolizar e de, simbolizando, simultaneamente afirmar e negar a distância entre o mundo dos símbolos e o dos seres simbolizados.

---

11 Leite, *Obra em dobras*, p.129.

Linguagem entre linguagens, código entre códigos, o que se chama de literatura leva ao extremo a ambiguidade da linguagem: ao mesmo tempo que cola o homem às coisas, diminuindo o espaço entre o nome e o objeto nomeado, também exprime a artificialidade e a instabilidade dessa relação. O que ocorre diferentemente em diferentes momentos, com diferentes tipos de textos e para diferentes tipos de pessoas.

Sem chance, portanto, de receitas literárias, leitor metódico! Nem *prescrições* nem *proscrições*. Toda e qualquer palavra, toda e qualquer construção linguística pode figurar no texto e *literalizá-lo*, isto é, torná-lo literatura. Ou, ao contrário, pode não literalizá-lo coisa nenhuma, apesar de todo o pedigree literário que certas palavras e construções parecem arrastar atrás de si.

Veja que uso criativo de versos, rimas e ritmo fez um jovem chamado Carlos Marighella (1911-1969), aluno de uma escola baiana. Leia, divirta-se e reflita: estes versos sobre ótica, produzidos como resolução de uma prova de física, são literatura?

Ginásio da Bahia aos 23
De 29 deste oitavo mês

Doutor, a sério falo, me permita,
Em versos rabiscar a prova escrita.
Espelho é a superfície que produz,
Quando polida, a reflexão da luz.
Há nos espelhos a considerar
Dois casos, quando a imagem se formar.
Caso primeiro: um ponto é que se tem;
Ao segundo um objeto é que convém.

Seja a figura abaixo que se vê,
O espelho seja a linha beta cê.
O ponto P um ponto dado seja,
Como raio incidente R se veja.
[...][12]

Sensacional, não é?

Portanto, não é o uso de um ou de outro tipo de linguagem que vai configurar a literatura. O registro coloquial, as palavras difíceis que pedem dicionário, o parnasianês nativo da sonetolândia, os clichês gastos, regastos e depois revalorizados... qualquer tipo de linguagem nem anula o literário nem necessariamente o produz. A relação que as palavras estabelecem com o contexto, com a situação de leitura é que caracteriza, em cada situação, um texto como *literário* ou *não literário*. (Ei, você aí, leitora hesitante: você já chegou a alguma conclusão sobre o texto de Carlos Marighella? É ou não é literatura?)[13]

Assim, não se pode falar em distinções rígidas e preestabelecidas entre linguagem literária e, por exemplo, linguagem coloquial. O que torna qualquer linguagem uma coisa ou outra, literatura ou não literatura, é a *situação de uso*.

Parece que a literatura acontece quando, como dizem os matemáticos – *quando e apenas quando* –, através de um texto, autor e leitor (de preferência ambos) suspendem a convenção da lin-

---

12 Marighella, in: José, E. *Carlos Marighella*, p.128-9.
13 Você pode ler o texto na íntegra em: <https://www.marxists.org/portugues/marighella/1929/08/23.htm>.

guagem corrente. Assumindo ou recusando o câmbio oficial da linguagem de seu tempo, fecundando-o, leitor e autor têm, no texto, um momento de verdade que, com licença do sempre sensacional Vinicius de Moraes (1913-1980), "não seja imortal posto que é chama,/ mas que seja infinito enquanto dure".

Ao mesmo tempo que *significa*, o texto literário como que sugere os limites da significação. Dribla o leitor e a leitora, sugerindo-lhes que o que diz *é* e *não é*, porque a literatura tira sua força, paradoxalmente, do relativo e do provisório.

Cansado de blá-blá-blá, fatigado leitor?

Tem razão. Nem eu mesma aguento mais tanta falação. Casso minha palavra até o final do capítulo. No silêncio que se instaura, todos ganhamos um prêmio: vamos navegar por alguns poemas. Neles, formas de dizer e de escrever que surpreendem e renovam o leitor, isto é, que deixam o leitor de olho espetado no horizonte, comentando com seus botões que literatura é mesmo uma beleza!

Versos a um cão

Que força poude, adstricta a embryões informes,
Tua garganta estúpida arrancar
Do segredo da célula ovular
Para latir nas solidões enormes?!

Esta obnoxia inconsciencia, em que tu dormes,
Sufficientissima é para provar
A incógnita alma, avoenga e elementar,
Dos teus antepassados vermiformes.

Cão! – Alma de inferior rhapsôdo errante!
Resigna-a, ampara-a, arrima-a, affaga-a, acóde-a
A escala dos latidos ancestraes

E irá assim, pelos séculos, adeante,
Latindo a exquisitissima prosódia
Da angustia hereditária dos seus paes![14]

CHARQUEADA GRANDE

Um talho fundo na carne do mapa:
Américas e África margeiam.
Um navio negreiro como faca:
mar de sal, sangue e lágrimas no meio.
Um sol bem tropical ardendo forte,
ventos alíseos no varal dos juncos
e sal e sol e vento sul no corte
de uma ferida que não seca nunca.[15]

A VOLTA DE EUDORA LIGHT

(Miniconto sujeito à internet com personagens soft)
Eudora Light não se sentia feliz casada com Word Seis porque
o considerava um Ponto Zero. Um dia, viu uma Photo Deluxe de

---

14 Disponível em: <https://digital.bbm.usp.br/bitstream/bbm/4641/1/
000906_COMPLETO.pdf>.

15 Silveira, Charqueada grande. In: Camargo (Org.), *A razão da chama*: antologia de poetas negros brasileiros, p.65.

Aldus Pagemaker e ficou apaixonada. Saiu pela primeira na Windows que encontrou aberta e Netscaped com ele. Acontece que o Trumpet Winsock de Page não tocava. Decepcionada, Eudora aceitou uma proposta de Microsoft e foram morar em Control Panel. Lá, abriram uma Photoshop para ganhar a vida. Porém, com o nascimento de Corel Draw, esvaziaram o File Manager.

Quando a notícia foi publicada no Printer Setup, Aldus pegou um Navigator e, em três segundos, desembarcou em Control Panel, matou os traidores e despachou os corpos em dois e-mails: um para Flori e outro para Márcia. Em seguida, Aldus escondeu-se em Lotus até embarcar clandestinamente num Config Sys. Aterrissou em Clipboard e passou algum tempo vendendo Netdials na porta de uma Paintshop. Um dia, foi devidamente Scanneado e levado para um Template, onde Organized uma seita secreta dedicada a promover Print Previews.

Um domingo, resolveu abrir o Template para uma reunião extra. Um provedor ficou revoltado e gritou: Close!

Pagemaker respondeu: Open! Desesperado, o provedor ordenou: Exit! Mas Aldus sacou uma Pkunzip e decretou: Error, time out. Apavorado, o provedor trepou numa X-Tree Gold e ficou soltando Power tracks. Vitorioso, Aldus anotou tudo num Notebook e enviou um Winfax para Macintosh.

Quando Macintosh ia Select All para contar a novidade, um poderoso Intercom disfarçado em Zoom abriu um Drop Cap e replaced Eudora Light e Microsoft em pessoa. Mal se configuraram, Micro apontou um IBM com 64 megas de RAM e deletou Macintosh. Nunca se soube a verdade sobre o saved as DOS amantes.

Hoje, Eudora e Micro vivem felizes em Multimedia, ao lado do pequeno Corel Draw e ao Sound Blaster de Cake Walk, à custa do Thesauros acumulado nos anos de 92, 93, 94 e Windows 95. Finalmente, Aldus Pagemaker encontrou a paz conjugal ao lado de Delrina, que o convenceu a morar num Modem recém-instalado.[16]

Capítulo LV
(O velho diálogo de Adão e Eva)

Brás Cubas .... ?
Virgília ....
Brás Cubas ....
....
Virgília .... !
Brás Cubas ....
Virgília ....
.... ? ....
....
Brás Cubas ....
Virgília ....
Brás Cubas ....
....! ....
.... ! ....
.... !
Virgília .... ?
Brás Cubas .... !
Virgília .... ! [17]

16 Giudice, conto inédito, 1996. Encontrado pelo jornalista Carlos Alberto de Mattos, extraído do *Jornal do Brasil*, Segundo Caderno, 1998.

17 Machado de Assis, *Memórias póstumas de Brás Cubas*, p.568, v.1.

Literatura é mesmo uma beleza...

Beleza no uso da linguagem da ótica que faz Marighella (1911-1967), ou da linguagem próxima da ciência de Augusto dos Anjos (1884-1914), ou da linguagem da História e da Geografia de Oliveira Silveira (1941-2008), ou da linguagem da informática de Victor Giudice (1934-1997), ou do sugestivo uso de sinais de pontuação para representar um diálogo de Machado de Assis (1839-1908).

E não ouse discordar, leitora discordante!

Capítulo 7
No qual se observa constante, intencional e danosa indecisão *do que se chama de literatura* entre o verdadeiro, o verossímil e o fantasioso

Leve é o poema
A vida não pesa
(impressa).
Leve o poema.[18]

Terminado o capítulo anterior, recupero a palavra. Já não calo mais a boca, leitor tagarela! Recolha do horizonte seu olhar estético e, como diziam os antigos, em segunda pessoa do plural, "emprestai-me vossos ouvidos!". Ou vossos olhos, para sermos mais coerentes!

A literatura é porta para variados mundos que nascem das inúmeras leituras que dela se fazem. Os mundos que ela cria não se desfazem na última página do livro, na última frase da canção, na última fala da representação nem na última tela do hipertexto.

---

18 Laurito, Saldo. In: _____, *Saldo lírico*, s/p.

Permanecem no leitor, incorporados como vivência, marcos da história de leitura de cada um.

Tudo o que lemos nos marca. Não é assim também com você, leitora intangível?

Como outros atos de linguagem, a literatura dá existência ao que, sem ela, ficaria no caos do inomeado e, consequentemente, do não existente para cada um. Mas isso é fundamental – ao mesmo tempo que a literatura cria, ela também aponta para o provisório da criação.

Melhor trocar em miúdos? Peço socorro a Gonçalves Dias (1823-1864) e a Manuel Bandeira (1886-1968), com seus exércitos de palmeiras, sabiás, reis e rainhas de Pasárgadas!

Quando leio os versos de Gonçalves Dias que dizem

> Minha terra tem palmeiras
> onde canta o sabiá,
> as aves que aqui gorjeiam
> não gorjeiam como lá,

"palmeiras" e "sabiá" são traços que para boa parte dos leitores e ouvintes do poema, em vez de remeterem a um time do futebol paulista (Sociedade Esportiva Palmeiras) e a um antigo artilheiro dos anos 1940 (o Sabiá, jogador de um time de várzea), remetem a uma planta e a uma ave. Seres que –supõe-se – foram escolhidos pelo poeta para – simbolizando o Brasil, do qual Gonçalves Dias estava longe – evocar sensações de ausência e de saudade. Sensações que – supõe-se, de novo – o leitor passa a compartilhar com o poeta, a partir da familiaridade maior de cada um com certas paisagens e resistência a outras. (Parêntesis: não me venha dizer que não conhece a "Canção do exílio" de Gonçalves Dias, leitor em branco! Corra a uma biblioteca ou à internet e remedeie imediatamente essa grave falha em seu perfil de leitor. Fim de parêntesis.)

Com isso, no poema de Gonçalves Dias, "palmeiras" e "sabiás" significam muito mais do que elementos da flora e da fauna brasileiras que as mesmas palavras significam num texto como este: "em suas terras ao sul do Equador, o Novo Mundo apresenta flora e fauna bastante distintas de flora e fauna que nos habituamos a ver no Velho Mundo. Entre as plantas, destacam-se palmeiras, coqueiros e arbustos onde nasce o abacaxi; entre os animais de pelo, a capivara e a anta, entre os animais de pena, sabiás, tuiuiús, araras e papagaios".

Na "Canção do exílio", "palmeiras" e "sabiás" evocam ou constroem, para cada leitor, *sua* palmeira e *seu* sabiá, que podem não ter existido, e cuja existência se deve exclusivamente à escrita e à leitura do poema.

O mesmo sucede com tudo o que se lê na expectativa de que o que se lê seja literatura. Ocorre, por exemplo, com os versos em que Manuel Bandeira cria e celebra a utopia de sua Pasárgada. Diz o poeta:

> Vou-me embora pra Pasárgada
> Lá sou amigo do rei
> Lá tenho a mulher que eu quero
> Na cama que escolherei
> Vou-me embora pra Pasárgada[19]

---

19 Bandeira, Vou-me embora pra Pasárgada. In: _____. *Estrela da vida inteira*, p.127.

A precisão geográfica e histórica de Pasárgada não importa, como também não importa se Pasárgada tem rei ou vive em regime republicano. É sempre equivocado pedir à literatura recibo do que ela afirma. Tanto a Pasárgada que não se sabe onde é quanto a terra da qual Gonçalves Dias diz sentir saudades – da qual conhecemos palmeiras e sabiás – têm identidade apenas literária, ou seja, existem apenas na fugaz interação entre a escrita dos poetas e a leitura de seus leitores.

Tudo isso, imprevisível leitora, para dizer que não precisam ser verdadeiras as histórias que a literatura conta.

Mas que também não precisam ser inverídicas.

Tanto faz.

Importa bem pouco saber se Iracema, a "virgem dos lábios de mel" de quem José de Alencar conta a história, vagava mesmo, enamorada e moribunda nas alvas praias dos "verdes mares bravios" de nossa terra natal. É irrelevante também pedir certidão de casamento ao machadiano casal Capitu e Bentinho, que viveu as dúvidas do ciúme ao tempo do Segundo Império brasileiro. Tia Nastácia, tendo ou não sido a babá de um dos filhos de Monteiro Lobato (1882-1948), com seus bolinhos e pipocas, carinho e sabedoria, ganhou o amor de todos os leitores das histórias do Sítio do Picapau Amarelo.

Mas também os mundos fantásticos criados pelo texto não caem do céu nem são inspirados por musas! O mundo representado na literatura – por mais simbólico que seja – nasce da experiência que o escritor tem de sua realidade histórica e social. O universo que autor e leitor compartilham, a partir da criação do primeiro e da recriação do segundo, é um universo que corresponde a uma síntese – intuitiva ou racional, simbólica ou realista – do *aqui* e do *agora* da leitura, ainda que o *aqui e agora* do leitor não coincidam com o *aqui e agora* do escritor.

Complicado? Nem tanto. Mas tento explicar melhor:

Aquilo de que a literatura fala encarna *o que poderia ter sido*, o que "anda na cabeça, anda nas bocas", ou andava, no tempo de cada um. Se você permite que este parágrafo recorra a um figurão dos estudos literários, leitor permissivo, vamos ouvir Aristóteles. Para ele, a literatura narrava *o que podia acontecer*, ficando por conta da história o que *realmente tinha acontecido*. Ou seja: ele apresentava o mundo da literatura como o mundo do possível.

Mas não nos iludamos com o charme do velho filósofo de camisolão de pregas: embora comprometida com o mundo do possível e não com o mundo do real, a criação literária nasce de uma imaginação ancorada na realidade. Assim, até mesmo os mundos fictícios como a Pasárgada de Manuel Bandeira, os olhos oblíquos e dissimulados de Capitu, os labirintos degradantes e assustadores de *Zero*, de Inácio de Loyola Brandão, a Terra do Nunca de Peter Pan ou a pré-história da família de Hagar, tudo – como ensina o samba – "tem um fundo de verdade".

Ou seja, o compromisso da literatura com um *mundo possível* não abandona o projeto de fazer do presente seu ponto de partida ou de chegada. "Não serei o poeta de um mundo caduco/ Também não cantarei o mundo futuro./ Estou preso à vida e olho meus companheiros", já advertia Drummond, frequentador assíduo deste livrinho porque tem sempre razão.

A literatura nasce não só da realidade circundante, compartilhada por autor e leitores, mas também do diálogo com tudo que, vindo de tempos anteriores, constitui a chamada *tradição literária*. É como se a literatura fosse um constante passar a limpo de textos anteriores, constituindo o conjunto de tudo – passado e presente – um grande e único texto de literatura, agora sim, leitora maiúscula, com L maiúsculo: Literatura!

A história vivida pela multidão de leitores está sempre presente, no direito ou no avesso do texto. É cada um, no silêncio ou na algazarra de suas leituras, que torna literários alguns dos textos com que se encontra na vida. Às vezes o gesto individual coincide com o gesto oficial de literalizar um texto. Outras vezes não coincide. E cada um que decida a qual gesto – se o próprio, se o alheio – vai ser fiel e solidário!

Veja agora, leitor inconsútil, com que destreza, com que arte fiz eu a última transição deste livro. A recuperação do passado no presente, a opinião individual e a oficial do que é ou deixa de ser literatura... Viu que destreza, destríssima leitora? E porque estamos destros, estamos aptos para conhecer e discutir, a partir de agora, algumas concepções de literatura até hoje respeitáveis. Mas, cuidado: eu disse *algumas*! Elas foram escolhidas a partir do cardápio que se quer oficial... Portanto, encosto das poltronas na posição vertical, cintos apertados.

Vamos aos gregos!

Capítulo 8

No qual, atendendo a pedidos, adiam-se os gregos, pulam-se séculos e mergulha-se entre um pré-modernismo e um pós-moderno: *ismos difusos, profusos e confusos que assolam o que se chama de literatura*

> *Dactylographia*
> *é litteratura: cria*
> *como a poesia.*[20]

Que gregos que nada!, ouço um leitor mais ousado reclamando e batendo o pé: *Então é assim, a gente tem sempre de começar lá atrás, muitos e muitos séculos, nem se sabe quantos, antes do tempo de hoje? Eu vivo hoje, cara...*

O.k. Leitores questionadores têm sempre razão.

Adiamos um pouco os gregos, pulamos muitos séculos, e vamos ao século XX. Que, embora a rigor não seja *hoje*, é *ontem*, um *ontem recente* e fresquinho.

No século XX, trânsito livre para o experimentalismo e para a permanência teimosa de antigas fórmulas ao lado das novas,

---

20 Mattoso, *Língua na papa*, p.47.

para os processos de produção que veem no artesanato forma de resistência ao anonimato da produção em série, que é a regra.

Sobrepaira à alegre e produtiva Babel dos anos 1900 o irreversível ingresso da literatura no reino da mercadoria. Objeto de consumo. Não desapareceram, no entanto, práticas e noções mais antigas. Nos clubes de trova, nos festivais de haicai, com os cantadores de feira vê-se que nenhuma vanguarda conseguiu unanimidade. Literatura com valor de troca, mas também, é claro, com valor de uso.

Bem afastados da imagem de escritor maldito, mal pago e incompreendido, são muitos os escritores profissionais. O velho escriba tomou banho, cortou o cabelo, sindicalizou-se e sua profissão passou até a ser definida pelo Ministério do Trabalho:

1-51-20

Escritor

[...] escreve contos, romances e outras obras literárias, criando dados, criando modelos, redigindo e comentando assuntos de várias naturezas, a fim de obter a base para a execução do trabalho; desenvolve pesquisas, compilando dados da documentação de base e inserindo outros necessários, para organizar os fatos relativos à obra a ser escrita; prepara roteiro de trabalho ordenando o material pesquisado, para facilitar o desenvolvimento da obra; redige a minuta do trabalho literário, transcrevendo as ideias selecionadas com base no roteiro estabelecido, para manter o esboço da obra; revisa a minuta do trabalho, corrigindo deficiências e melhorando certas expressões para dar-lhe forma definitiva e encaminhá-la à publicação.[21]

---

21 Ministério do Trabalho, Secretaria de Políticas de Emprego e Salário, *Classificação brasileira de ocupações*, p.153.

Que ninguém se iluda com essa quase *chapa branca* que o documento governamental cola ao escritor na legislação que se ocupa do ofício de escribas e assemelhados.

Há escritores e escritores.

Alguns são despidos de crenças, profundamente desconfiados da linguagem que herdaram e reconstroem a cada dia. Em seu momento da verdade, esse escritor contemporâneo também está só e nu, quase sem direito ao sonho que, aliás, acabou. A posteridade tornou-se o "amanhã de manhã", e "pedir um café pra nós dois", o único projeto sensato.

Mas, desde quando a literatura deu ouvidos aos sensatos, queridos leitores insensatos?

Nossos últimos cento e poucos anos no planeta Terra pedem também planejamento, eficiência, rapidez. *Stop. A vida parou.* E a literatura desse tempo nosso – em suas práticas e em discussões sobre ela – renuncia às vezes ao significado verbal ou, ao menos, minimiza o verbal linear. Na parceria entre o visual e o verbal, no uso das cores e de todo o requinte da indústria gráfica, a literatura do século XX objetaliza-se às vezes, talvez como única forma possível de consciência crítica da mercantilização para a qual a empurra – irremediavelmente – seu modo de produção.

É nessa geleia geral que o "poeta desfolha a bandeira" e a poesia ressurge e explode ao compasso de CDs, DVDs, MP3 e seus sucessores que virão. Circula no embalo do corpo e da voz que, por exemplo na canção, recupera a força mágica da linguagem literária, de palavra que instaura seu sentido.

O século XX foi floresta emaranhada de estilos que, como Drummond disse da poesia, pergunta a nós, orgulhosos sócios do Clube dos Leitores Anônimos: "trouxeste a chave?". O caso, *leitor*, é que se todas as chaves têm uma porta, a recíproca não é verdadeira, isto é, nem toda porta tem uma chave. Ou talvez tivesse, mas nós a perdemos. De qualquer forma, são portas demais e chaves de menos.

O século XX (e também o XXI, leitora apressada) apresenta-se cheio de *prés*, de *pós* e de *ismos*... Como sabe quem frequenta cursos *de* e livros *sobre* literatura, o século XX começa com o *Pré-Modernismo* e termina, só Deus sabe como, com o *Pós-Moderno* que se derrama pelo século XXI. Entre eles – já antecipa a leitora esperta –, o *Modernismo* e o *Moderno*.

Invadem o Brasil do século XX *ismos* da Europa, onde parece que tudo continua acontecendo primeiro. Mas também se desenvolvem *ismos* locais que falam português. Surrealismo, Futurismo, Impressionismo, Expressionismo, Dadaísmo, Cubismo, Rock, Rap... tudo tem sotaque. Movimento Pau-Brasil, da Anta, Antropofagia, Verde-Amarelo, Regionalismo, tudo é prata da casa. Concretismo, Neoconcretismo, Pós-Moderno, outros *neos* e outros *pós* são poliglotas e falam todas as línguas quase sem sotaque.

Para cada *ismo*, uma porção de autores.

Para cada autor, uma porção de obras.

Obras de prosa, poesia e teatro, além de outros tipos de texto que ganharam (ou recuperaram, em certos casos) cidadania literária: ensaios, diários, testemunhos, relatos, correspondência...

Já se vê, então – como sempre, aliás –, como, no decorrer do século XX (e também no XXI, amável leitor), a literatura reformata sua identidade, no berro e no braço, como vimos lá no começo. Na literatura brasileira do século XX, descobre-se um Brasil cronicamente inviável, sem céu de anil, sem rima com mãe gentil. É a "pátria minha tão pobrinha" de Vinicius de Moraes, é o país do "boi da cara preta que pega essa criança com um tiro de escopeta" que Gabriel, o pensador, registra.

Na literatura do século XX, o Brasil é plural, recortado em histórias que falam diferentes línguas. Que falam por diferentes vozes, repartidas por diferentes códigos e linguagens, unificados todos na linguagem literatura.

Como em Euclides da Cunha (1866-1909) que, a partir de seus artigos de jornal (a partir de 1897), publicou *Os sertões* (1902), onde se lê que

O sertanejo é antes de tudo um forte. Não tem o raquitismo exaustivo dos mestiços neurastênicos do litoral.

Sua aparência, entretanto, ao primeiro lance de vista, revela o contrário. Falta-lhe a plástica impecável, o desempeno, a estrutura corretíssima das organizações atléticas.

É desgracioso, desengonçado, torto. Hércules-Quasímodo, reflete no aspecto a fealdade típica dos fracos. O andar sem firmeza, sem aprumo, quase gi(n)gante e sinuoso, aparenta a translação de membros desarticulados. Agrava-o a postura normalmente abatida, num manifestar de displicência que lhe dá um caráter de humildade deprimente. A pé, quando parado, recosta-se invariavelmente, ao primeiro umbral ou parede que encontra; a cavalo, se sofreia o animal para trocar duas palavras com um conhecido, cai logo sobre um dos estribos, descansando […]

É homem permanentemente fatigado.

[...]

Entretanto, toda esta aparência de cansaço ilude.

Nada é mais surpreendente do que vê-lo desaparecer de improviso. Naquela organização combalida operam-se, em segundos, transmutações completas. Basta o aparecimento de qualquer incidente exigindo-lhe o desencadear das energias adormecidas. O homem transfigura-se. Empertiga-se, estadeando novos relevos, novas linhas na estatura e no gesto.[22]

Lá vem também o Jeca Tatu de Monteiro Lobato (1914), caipira paulista, depois metamorfoseado no Zé Brasil:

A gente da cidade – como são cegas as gentes das cidades! Esses doutores, esses escrevedores nos jornais, esses deputados, paravam ali e era só crítica: vadio, indolente, sem ambição, imprestável... não havia o que não dissessem do Zé Brasil. Mas ninguém punha atenção nas doenças que derreavam aquele pobre homem [...] E cadê doutor? Cadê remédio? Cadê jeito?

[...]

– Se eu tivesse um sítio, fazia uma casa boa, plantava árvores de fruta, e uma horta, e até um jardinzinho como o do Giusepe. Mas como fazer casa boa, e plantar árvores e ter horta em terra dos outros, sem garantia nenhuma? Vi isso com o coronel Tatuíra. Só porque naquele ano as minhas roças estavam uma beleza, ele não resistiu à ambição e me tocou. E que mundo de terras esse homem tem![23]

---

22 Disponível em: <http://www.dominiopublico.gov.br/download/texto/bn000153.pdf>.

23 Monteiro Lobato, *Zé Brasil*.

A literatura brasileira do século XX fala também a língua do Nordeste, seca, densa e faminta das *Vidas secas* (1938) de Graciliano Ramos, ou adocicada por reminiscências como em José Lins do Rego (1901-1957). Percorre *sertões e veredas* místicos e violentos com Guimarães Rosa (1908-1967).

Recorta mulheres fortes como as de Jorge Amado e Rachel de Queiroz ou as igualmente fortes e enigmáticas de Clarice Lispector. Reproduzem o som nervoso do mundo marginal, mal-vestido e mal-educado das histórias de João Antônio (1937-1996), de Paulo Lins, de Patrícia Melo, de Ferréz. Escreve histórias da história com Erico Verissimo (1905-1975) e com Ana Miranda, adquirem o sotaque imigrante com Alcântara Machado (1901-1935), Moacyr Scliar (1937-2011) e Milton Hatoum. Assumem o ritmo sincopado e agoniado do rap paulista e os distintos sotaques de pampas, pantanais, alterosas, subúrbios e beira-mar carioca que, à noite, invadem as casas em novelas e minisséries que escorrem por televisões e DVDs.

Falar de literatura no século XX é também falar de indústria cultural, de capital e de tecnologia: a indústria literária derrama nas livrarias – físicas e virtuais – toneladas de romances.

Como nas redes de fast-food, que oferecem variações dos sempre mesmos hambúrgueres e refrigerantes, o cardápio literário do século XX é internacional. A globalização não é mera fantasia, e mais do que nunca a literatura brasileira está no mapa do mundo. Nunca fomos tão traduzidos, para muito além das novelas de tevê que invadem Portugal, Espanha, Cuba, Itália… Mas também nunca traduzimos tanto. É o mapa do mundo que cruza com o do Brasil ou é o mapa do Brasil que se fundiu no globo terrestre, leitora *on the road*?

Epa!

Um estilo mais afoito cutuca meu ombro: *ói nóis aqui, pssora...* Não vai nos explicar, não? Esse *ismo* tão desembaraçado veio no bolso de um penetra no Clube dos Leitores Anônimos, que gosta que se defina literatura de outro jeito. Apoiando a reivindicação dele há um professor seriíssimo com óculos de fundo de garrafa e pigarro na garganta. Melhor fazer o que eles pedem... Esse *ismo* em particular pede que eu informe os leitores distraídos do modo como alguns tipos de literatura do século XX gerenciam o espaço em branco do papel.

Da metade do século XX em diante, uma certa literatura tomou a sério os efeitos visuais, escrevendo, por exemplo, de forma espiralada textos que tematizam espirais, em forma oval textos que tematizam ovos...

Nessa linha, a literatura dá seu recado também pela linguagem do olho, é rápida e econômica, vai da holografia ao cartão-postal, incorpora tanto sinais do código de trânsito quanto logomarcas.

Alguém ali atrás está perguntando se isso só ocorreu da metade do século XX em diante. Bingo, leitor erudito! A poesia visual tem tradição antiga no Ocidente, e assim sendo não é propriamente novidade. Mas é que ela nunca foi cultivada com tanta intensidade nem bancada por cacifes tão altos... Essa é a diferença.

Em livro assinado por Evangelina, irmã de Fagundes Varela (1841-1875), por exemplo, encontra-se um poema em forma de cruz, que tematiza... um crucifixo? O Cruzeiro do Sul? Cada qual que decida por si... Ou seja, em linguagens simultâneas – a visual (o que o leitor vê na página) e a verbal (o que o leitor lê na página) –, a celebração de um símbolo religioso ou uma constelação.

> *Estrelas*
> *Singelas*
> *Luzeiros*
> *Fagueiros,*
> *Esplêndidos orbes, que o mundo aclarais!*
> *Desertos e mares, – florestas vivazes!*
> *Montanhas audazes que o céu topetais!*
> *Abismos*
> *Profundos!*
> *Cavernas*
> *Externas!*
> *Extensos,*
> *Imensos*
> *Espaços*
> *Azuis!*
> *Altares e tronos,*
> *Humildes e sábios, soberbos e grandes!*
> *Dobrai-vos ao vulto sublime da cruz!*
> *Só ela nos mostra da glória o caminho*
> *Só ela nos fala das leis de – Jesus!*[24]

---

24 Fagundes Varela, *Poesias completas de L. N. Fagundes Varela*, p.333.

Seculozinho danado esse século XX, leitora informada!

A literatura nunca teve plateia tão grande, mesmo no Brasil, como já se viu antes. Mas também nunca teve plateia tão dividida: camarotes e arquibancadas parecem quase sempre assistir a diferentes espetáculos; ou será que se trata de um mesmo e único espetáculo, que, no entanto, por ocupar simultaneamente diferentes palcos, nunca é visto em sua totalidade...? São, afinal, do tamanho de estádios os espaços por onde rola a cultura no século XX, inclusive a cultura literária.

Não está entendendo nada, leitor obtuso? Faça o favor de esforçar-se por entender, que não sei explicar melhor do que isso, ora bolas, leitora folgada!

Tornando o espetáculo ainda mais movimentado, no século XX manifestam-se nas arenas literárias os times e as tribos que, nas arenas sociais, lutam por uma vaga na primeira divisão. Os excluídos da tradição mais conservadora dos estudos literários têm agora *seus* livros e *seus* cursos. E quase que *sua* academia. Nem sempre, no entanto, com o mesmo prestígio e quase nunca com o mesmo capital. Mas arrombaram a festa e deram a volta por cima, numa nova redistribuição das cartas do velho baralho.

Literatura para crianças e jovens? Tem, sim senhor, e é Literatura com L maiúsculo! Vá conferir com Ana Maria Machado, Ângela Lago, Anna Cláudia Ramos, Fernando Vilela, João Carlos Marinho, Luiz Antonio Aguiar, Odilon de Morais, Pedro Bandeira, Ricardo Azevedo, Roger Mello, Roseana Murray, Ruth Rocha... tantos outros!

Literatura de mulheres? Tem, sim senhor, e é Literatura com L maiúsculo! Vá conferir com Adélia Prado, Conceição Evaristo, Lya Luft, Lygia Fagundes Telles, Marina Colasanti, Nélida Piñon, Sônia Coutinho, Vilma Arêas, Zulmira Tavares... mundão de saias!

Literatura de negros? Tem, sim senhor, e é Literatura com L maiúsculo! Vá conferir com Carolina Maria de Jesus, Esmeralda Ribeiro, João Cuti, Joel Rufino dos Santos, Sonia Fátima, Oliveira Silveira... beleza de literatura!

Também podemos conferir a literatura de homossexuais, de índios, de imigrantes. Policial, ficção científica, esoterismo, autoajuda, reportagem, crônica.

Tem de tudo, sim senhor! E tudo é Literatura!

De tudo um pouco, com menos ou com mais estrelas, mas com direito assegurado a território no mapa e espaço no livro. E é esse reconhecimento que faz a diferença. Faz tempo que se escreve para crianças. Faz tempo que mulheres, homossexuais, índios, negros e imigrantes escrevem livros. Mas a *identidade* dessa produção era invisibilizada. Essa identidade diluía-se na ideia tradicional de que a *boa literatura* não tem idade, não tem cor de pele, não tem gênero.

Mas... quem é que (ainda) acredita nisso?

Nem eu, nem você, espero, leitora *naïve*!

A bisavó de minha bisavó talvez tenha lido para seus filhos e filhas – isto é, meus tatara tatara parentes – *As aventuras de Telêmaco*, livro infantil que Fénelon (1651-1715) publicou em 1695. A avó de minha bisavó talvez tenha ganhado do marido o romance *As aventuras de Diófanes*, escrito por Tereza Margarida Silva e Orta (1711-1793). Já a avó de sua avó, leitora menor de idade, podia ter ouvido atrás da porta os amigos do marido comentando o escândalo do romance de Adolfo Caminha (1867-1897), *O bom crioulo* (1895), que conta a história de um marinheiro homossexual.

Quem é que está sorrindo de alegria aí, leitor da terceira idade? Avós e bisavós entraram em cena para ilustrar a ideia de que mulheres, crianças, negros e homossexuais leram e foram lidos, escreviam e foram escritos. A novidade então é a dimensão que assume da segunda metade do século XX em diante essa produção até então invisibilizada e marginalizada.

A partir dos anos 1960, essa produção escrita, até então tida como *marginal* ou *menor*, ganha destaque e começa a subverter a própria noção de literatura. Alguém aí falou em segmentação de mercado? Parabéns, leitora per$picaz! Os milhõe$ e bilhõe$ investido$ na indú$tria que produz literatura são como Cisco Kid: não esquecem nem perdoam. Desse ponto de vista, o mercado acabou favorecendo a democratização do conceito de literatura.

Às poucas livrarias de rua e de shopping que (ainda?) existem no Brasil e às ainda menos numerosas bibliotecas responderam os livros nas bancas de jornal, os vendedores de livros de porta em porta, as salas de leitura das escolas, enfim, os tantos projetos de incentivo à leitura que, com seus caminhões, estantes e caixas volantes de livros movimentam o setor livreiro, mobilizam leitores e criam problemas para os estudos literários, que, às vezes, preferem não vê-los para não ter de falar deles.

Nos novos espaços, acotovelam-se novos produtos, com tanto direito ao *selo* de literatura quanto os escassos e belos livros que muuuuuuito antigamente eram encadernados em couro e tinham folhas de corte dourado. Assim como gatinho que nasce no forno *não é* biscoito, o aspecto físico daquilo onde está escrito o que lemos *não* determina *o que é* e *o que não é* literatura.

Eu disse NÃO! Que NÃO determina!

Mas... será mesmo que não determina? Será que livros de capa dura e edições de bolso, obras produzidas com requinte em gráficas sofisticadas e textos feitos artesanalmente no computador de cada um fazem igualmente parte do que se considera literatura?

Cada um responda como acha, como quer e como pode...

Discutir se livro de banca tem o mesmo estatuto de livro de biblioteca é questão gêmea à que pergunta se a "Pour Elise" de Beethoven, ouvida no caminhão que entregava o gás na cidade de São Paulo, é a mesma obra clássica que se ia ouvir no teatro com vestido chique, chapéu e luvas de seda.

É a mesma música?

Cada um responda como acha, como pode e como quer.

E o quadro da Mona Lisa? No Museu do Louvre em Paris há sempre uma multidão se acotovelando na frente dele, para não falar de um vidro à prova de bala... Essa *Gioconda* do museu francês é a mesma que, recortada de uma revista e colada num pedaço de isopor, enfeita a sala de jantar de minha vizinha?

Que cada um responda como acha, como pode e como quer!

O que eu acho? Eu acho que...

Acho nada, leitor confiado! Guia é só para guiar e não para achar!

E chega de atualidade, prudente leitora. Retomamos agora o roteiro original e, desta vez de verdade, vamos aos gregos...!

Capítulo 9
No qual se treina o ouvido para identificar e proclamar sotaques gregos e latinos – autênticos, falsos e autenticados – *no que se chama de literatura*

*Mirem-se no exemplo
daquelas mulheres
de Atenas*[25]

Marcha a ré engatada?

Começamos com uma ressalva, leitor atento.

Textos que discutem como foi praticada e concebida a literatura em uma ou em outra época, em um ou outro lugar, em geral só registram uma parte das práticas e concepções então em curso. Registram, especialmente, como a praticavam e a concebiam os que tinham e têm acesso a voz. Desde os gregos, criou-se uma linhagem de definições que, embora muitas vezes conflitantes, têm em comum o pedigree de sua origem. Família aristocrática

---

25 Buarque; Boal, Mulheres de Atenas, *Meus caros amigos*.

de conceitos, seus porta-vozes hoje são aqueles nossos resmun-guentos companheiros de viagem.

Muitos e muitos documentos registram, por exemplo, o que o poeta latino Horácio (65 a.C.-8 a.C.) pensava da poesia. Mas onde estão os registros do que pensavam dela a mulher e os es-cravos do poeta? E será que Horácio nunca foi menino? E quando era menino e ouvia histórias de sua ama, o que será que ele pen-sava das histórias que ouvia? Será que antigamente se pensava que mulheres, escravos e crianças não pensavam, ou não pensa-vam em poesia, ou que não valia a pena pensar no que eles pensavam?

Talvez se pensasse assim... vai saber, não é mesmo?

Pesquisas recentes têm, por exemplo, encontrado escritos femininos em tempos e lugares nos quais não se acreditava que mulheres escrevessem. Pois não é que escreviam, e escreviam muito bem?

Reconhecer, no entanto, os filtros ideológicos da história das teorias da literatura não dispensa ninguém de conhecê-las, leitor preguiçoso e leitora patusca! Voltem, portanto, à leitura, que seu Miguel, o caça-gazeteiros da escola da Luluzinha, está ali atrás do parágrafo, pronto para laçar leitores fujões!

Todos os conceitos e práticas de literatura são, a seu tempo e para quem os formula e cultiva, tão bons ou tão ruins quanto quaisquer outros. E se, quando os analisamos, podem pôr a nu a fragilidade do edifício, também permitem o ingresso nele, que é de onde melhor pode o edifício ser observado.

Ou implodido, se for o caso...

Por isso, a excursão que está começando não vai ser muito longa. Sem dúvida, alguns leitores turistas vão reclamar do itinerário, que outro seria o de sua preferência. Paciência! As passagens estão compradas e a companhia, embora aceite reclamações, não devolve o dinheiro. Qualquer seleção é sempre arbitrária e pessoal, e o máximo de liberdade é o direito de andar sozinho. Para os insatisfeitos, o percurso admite – como qualquer texto escrito – o abandono no meio do caminho.

Ah, esse supremo poder do leitor sobre o escritor... mas cuidado, leitor fujão, que "no meio do caminho" tem muitas pedras!

Volte aqui, leitora que está escapando pela página...

A primeira parada da viagem tem no horizonte o perfil da acrópole grega. Começamos por lá, onde se pensa ter sido o começo, antes de Cristo. Aparentemente desaparecidos, esses gregos clássicos deixaram muitos herdeiros, muitos rastros e, quando menos se espera, ressuscitam.

Essa ressurreição é uma forma de permanência.

A cultura grega sobrevive, e não só nos objetos e textos que nos legou. Sobrevive também na herança cultural que permeia nosso hoje. E sobrevive, de forma talvez mais viva, nas sucessivas reinterpretações que seu modo de vida inspirou, e parece continuar inspirando.

Um dos momentos fortes de ressurreição é o que se contempla em alguns poemas do poeta português Fernando Pessoa (1888-1935), na linguagem de seu heterônimo Ricardo Reis. O que é que está reclamando o leitor ali atrás? Que querem um grego autêntico, fotografia de verdade para mostrar em casa...? Vamos lá, então! Mas gregos em grego são grego, não é mesmo, leitora monoglota? Meu computador também é analfabeto naquelas simpáticas letras que ficam tão bem nos livros de Física e de Matemática! Gregos traduzidos, pois! Aliás, uma grega: a poetisa Safo (século VII ou VI a.C.) de Lesbos, numa bela tradução de Joaquim Brasil.

> [Eros]
> doceamargo
>
> [Eros]
> o que nos dá sofrimentos
>
> [Eros]
> tecelão de mitos
>
> [Eros]
> o deus da astúcia
> que tece a palavra[26]

Gostou, não é? Aplacada, então, a sede de originalidade, com uma grega autêntica (Safo) em diálogo com um deus igualmente grego (Eros)! Luz verde para duas composições de Fernando Pessoa:

> I
> As rosas amo do jardim de Adônis,
> Essas volucres amo, Lídia, rosas,

---

26 Brasil, *Eros, tecelão de mitos*: a poesia de Safo de Lesbos, p.331.

Que em o dia em que nascem,
Em esse dia morrem.
A luz para elas é eterna, porque
Nascem nascido já o sol, e acabam
Antes que Apolo deixe
O seu curso visível.
Assim façamos nossa vida um dia
Inscientes, Lídia, voluntariamente
Que há noite antes e após
O pouco que duramos.[27]

II
Para ser grande, sê inteiro: nada
Teu exagera ou exclui.
Sê todo em cada coisa. Põe quanto és
No mínimo que fazes.
Assim em cada lago a lua toda
Brilha, porque alta vive.[28]

Nos dois poemas transcritos (e em quase todos os assinados por Ricardo Reis), Fernando Pessoa repõe em circulação traços que aprendemos a considerar helenizantes. Nada a ver com tua loira prima Helena, leitor simplório! *Helenizantes* quer dizer relativos aos gregos, à Grécia! Não se trata de poesia grega. Entre, por exemplo, Safo (a grega autêntica) e o português Fernando Pessoa transcorreram muitos e muitos séculos.

---

27 Pessoa, Odes de Ricardo Reis. In: _____, *Obra poética*, p.259.
28 Ibid., p.289.

Lidos e relidos os poemas, a palavra volta à guia da excursão que, como todo guia, recita informações; os mais sensíveis à beleza esqueçam a guia e contemplem o mundo: no caso, vão a textos de Homero, Safo, Píndaro (518-438 a.C.), Plauto (254-184 a.C.) ou Ovídio (43 a.C.-17/18 d.C.). Ou aos de Fernando Pessoa. Poetas são sempre melhores do que guias de excursão, não é mesmo, leitora condescendente?

Nesses versos de Pessoa, as rosas do Jardins de Adônis, a inversão na sequência das palavras, a lua que brilha no lago, o tom de aconselhamento são passaporte e suvenir da breve excursão por terras gregas e latinas: ecos gregos se multiplicam no comedimento do tom, na sobriedade da dor e da alegria, na certeza da simultânea insignificância e grandeza do homem.

Já está de bom tamanho, concorda?

Começando bem antes de Cristo, e para efeitos culturais confundindo-se com a origem de tudo, é na Grécia Antiga que se registram as primeiras reflexões mais sistemáticas sobre aquilo que ainda hoje – talvez por inércia, talvez por conveniência ou por comodidade – continuamos a chamar de literatura.

O nome de Homero, por exemplo, é bastante conhecido. Quem é que não sabe que ele celebrou, nos versos da *Odisseia*, as aventuras de Ulisses, guerreiro grego que regressou ao lar e aos braços de Penélope depois de vários e conhecidos episódios heroicos e sentimentais? Quem não sabia, que fique sabendo, e se quiser saber mais... a biblioteca fica logo ali e a internet está na ponta do dedo! Projeto Gutenberg!

Mas os gregos não faziam apenas poesia.

Também o teatro parece ter nascido dos textos dos gregos Ésquilo (525-456 a.C.), Sófocles (496-406 a.C.) e Eurípides (485-406 a.C.). Na interpretação de quase todos os que estudam a tragédia grega, nela se representam problemas humanos, os chamados *conflitos existenciais*. E na comédia... bem pouco se cuidou da comédia, considerada por bom tempo gênero menor porque mais popular. Foi isso que deu a Umberto Eco a brilhante ideia que ele desenvolveu no sensacional romance *O nome da Rosa* (1980).

Não leu, leitora de poucas letras? Ainda dá tempo... Corra, que o livro é sensacional!

Aos olhos de hoje, a literatura deles (gregos) parece harmoniosamente integrada à vida grega. Forma de exprimir sentimentos coletivos, forma de comunicação com os deuses, forma de purificação (pela expressão) das grandes emoções, a literatura parece ter sido intensamente entrelaçada à vida pública da Grécia.

Nos teatros, nas praças e nos templos gregos, a literatura (a arte em geral) parece não ter sido privilégio dos que liam, dos que gostavam de literatura: era uma espécie de celebração. E como celebração coletiva, além de cumprir papel social, também repercutia profundamente na vida de cada um, como a literatura repercute ainda hoje (mas de forma diferente) na vida de quem a lê.

Foi, aliás, no mundo clássico dos gregos que começaram as primeiras divergências sérias entre os que discutiam *o que era* e *para que servia* a literatura. Platão, pensador rigoroso anterior a Aristóteles, e às vezes mal-humorado, foi implacável com a poesia (vá conferir em *A república*, leitor incrédulo!). Queria expulsá-la do convívio humano, porque – dizia ele – a poesia era mentirosa: era a imitação da imitação da imitação... e o filósofo, vê-se logo, não acreditava que as coisas podiam também ser (como diz Caetano Veloso) "o avesso do avesso do avesso".

A ideia de catarse – purificação das emoções por sua ampliação máxima – veio com Aristóteles, que saiu a campo em defesa da poesia, dama exilada por Platão (vá conferir na *Poética*, leitora recalcitrante!). E entre um e outro e depois dos dois, o debate continua até hoje.

O que você acha? Ah, você não acha nada, leitor relutante? Não pode não achar.

Ache!

Não foi monopólio da Grécia, de onde, aliás, já estamos saindo, dar sentido à vida através de diferentes linguagens, uma das quais ficou conhecida como "literatura". Muitos outros povos – a dizer a verdade *todos* os povos – entrelaçaram suas vidas e seus afazeres à música, à dança, à poesia. Por exemplo, os povos indígenas brasileiros, como euforicamente registra, em 1844, um de nossos primeiros historiadores:

> [...] esses tupinambás valentes e esforçados, esses tamoios fortes e robustos, esses caetés indomados e valerosos, esses tupiniquins pacíficos e hospitaleiros que habitavam o Brasil, cujo Deus era Tupã, essa excelência, essa potência espantosa, que lhes falava pelo tupaçununga, que era o trovão; que se lhes revelava pelo tupaberaba, que era o relâmpago; cujo templo eram as majestosas florestas, e que pareciam descender de uma só nação, como parece indicar a língua túpica

dispersa em seus vários dialetos, elevavam-se acima dos povos americanos pela sua imaginação ardente e poética: as encantadoras cenas, que em quadros portentosos oferece a natureza em todos os sítios, os inspirava, e de povos rudes e bárbaros faziam-nos povos poetas.[29]

Mas, como tantos outros povos, os tupinambás não eram umbigo do mundo, *sorry*! Os tupinambás ficam, por isso, confinados a esse parágrafo curtinho. É o preço de, ao contrário de terem conquistado o mundo, terem sido conquistados!

Quem sabe o requintado leitor já tenha se cansado dos gregos, principalmente de gregos requentados e tratados com tão pouco respeito… E os prometidos latinos, reduzidos a umas poucas menções! A quem quer seriedade e sisudez pago com um piparote, e envio com um selo na testa na máquina do tempo, diretamente a Platão, Aristóteles, Píndaro, Virgílio e Ovídio nos respectivos endereços e sem intermediários.

E, sem mais delongas, vamos à Idade Média!

---

29 Adet; Silva, Introdução sobre a literatura nacional, *Mosaico poético* apud Zilberman; Moreira, *O berço do cânone*, p.197.

Capítulo 10
No qual se afina a escuta para reconhecer e anunciar tons medievais – verdadeiros, postiços e falsificados – *no que se chama de literatura*

E Dom Bermudo, apanhando o trovador pirata,
o objurgava em estilo de catedral com a toledana
erguida sobre sua cabeça:
– Mentes pela gorja, perro infame![30]

Com a expansão do mundo grego, que conquistou colônias e subjugou vários povos em todo o mundo então conhecido, a tradição cultural grega espalhou-se. Deitou raízes em muitos outros recantos do planeta, entre estes a Península Ibérica.

E, claro, modificou-se, enriqueceu-se.

Na Europa, o mundo cristão da Idade Média opôs-se às tradições culturais do mundo grego de um lado, mas de outro também aderiu a elas, medievalizou-as e incorporou-as. De lá da Europa, em caravanas de negociantes e em caravelas de navegan-

---

30 Monteiro Lobato, Marabá. In: _____, *Negrinha*, p.218.

tes viajou mais ainda, chegando inclusive à América Latina e ao Brasil. Poupe-me, leitor perplexo, de suas perplexidades, de seus *como?*, de seus *por quê?...* Seja compreensivo e dialético, aprenda que as coisas *são* e *não são* (ao mesmo tempo!) e vá em frente.

Antes dos cristãos, já os romanos (e com eles também todas as suas colônias espalhadas pelo mundo) haviam adotado a tradição grega, adaptando-a à sua identidade. Guarde a palavra-chave, leitora aplicada: *adaptação, transculturação*. A identidade de qualquer povo é tão específica e tão dele que tentativas de todos os colonizadores de imporem – com a dominação militar, econômica e política – a dominação cultural (como forma de legitimação das anteriores) nunca dá inteiramente certo.

Dá certo só um pouco.

Depois da cristianização – quando templos gregos e romanos foram sendo substituídos na linha do horizonte por catedrais de torres pontiagudas e vitrais coloridos –, a literatura começou a cumprir novos papéis na vida das sociedades. Passou a recobrir diferentes formas de expressão. Em todas elas, no entanto, mantinha-se a força da palavra como forma de simbolizar – e, simbolizando, gerenciar – o mundo e o lugar das pessoas no mundo.

A civilização medieval foi um período em que a sociedade se organizou segundo padrões muito rígidos: nobres de um lado, plebeus de outro; senhores de terra de um lado (do mesmo que os nobres), servos de gleba de outro; diferenças sociais rígidas, gente separada de gente, homens com poder de vida e de morte sobre outros homens e mulheres.

Como ficamos sabendo de tudo isso?

Pelos livros, inclusive (e sobretudo?) os de literatura! A literatura registra de forma sutilíssima o que "anda nas cabeças, anda nas bocas", acima e abaixo do nível do mar, norte, sul, leste, oeste, ainda que às vezes numa linguagem cifrada, difícil para quem não tem passaporte de certo tipo.

Parece que já naqueles tempos remotos os textos literários eram produzidos e consumidos por poucos. Os poucos que tinham acesso à palavra... Ooooops! perdão, leitoras, perdão, leitores! Como é que fui escrever que *os textos literários eram produzidos e consumidos por poucos?* Professores e guias turísticos são, mesmo, incorrigíveis! Onde é que se viu reservar a denominação *literatura* apenas para a produção verbal que circula e é aplaudida por uns poucos e eruditíssimos eleitos? Pois é claro que, se havia uma literatura que só circulava entre estes *happy few*, havia também a literatura que fazia as delícias da galera... Elementar, minha cara leitora-watson!

Reformulo, então.

Na Idade Média, gêneros considerados nobres por seu parentesco com o Classicismo começaram a ter circulação menor. Sendo pagãos – isto é, mencionando deuses e deusas não cristãos –, poderiam pôr minhocas nas cabeças que a Igreja Católica se esforçava por cristianizar e manter cristianizadas. Era, por isso, melhor proibi-los. Além disso, pouca gente sabia ler e livros eram caríssimos.

Deixando de lado essa tradição clássica, o que se chama produção literária medieval não inclui, ou inclui pouco e em posição secundária, a tradição oral, os cantos de trabalho, as narrativas populares… Mas novelas de cavalaria, por exemplo, eram sucesso garantido e o texto abaixo, que circulou na Europa a partir de 1490, pode dar uma amostra de como eram empolgantes as histórias que elas contavam:

Capítulo LXVII: o combate de Tirant com o senhor das Vilasermas

– Se queres gozar de paz, amor e boa vontade comigo, Tirant, e que eu perdoe teu ato de juventude, eu o farei sob a condição de que me dês o broche daquela ínclita senhora, dona Inês de Berri, junto com a faca que tens na mão e o escudo de papel, para que eu possa exibir às damas de honra. Bem sabes que não és digno nem merecedor de possuir coisa alguma que pertença a senhora tão alta e virtuosa como aquela, porquanto teu estado, linhagem e condição não são suficientes para que lhe descalces o chapim esquerdo. Sequer podes nivelar-te a mim, senão que eu, pela minha benignidade, assenti em nivelar-te a mim e quis bater-me contra ti.

– Cavaleiro – redarguiu Tirant –, não ignoro tua nobreza, quem és, o que vales e o que podes fazer. Mas, não estamos em hora e lugar para ficar discutindo méritos de linhagens. Sou Tirant lo Blanc: quando empunho a espada, não há rei, duque, conde ou marquês que recuse enfrentar-me. Isso é sabido de todos. Em ti, porém, se podem achar facilmente os sete pecados capitais. Julgas que com palavras vis e desonestas podes assustar-me e denegrir a mim e à minha condição. Digo-te que, por mais nobre cavaleiro que possas ser, não me sinto injuriado nem me teria por louvado se algo de bom dissésseis de mim, pois é voz comum que vale tanto a alguém ser louvado por homens maus como ser louvado pela prática de coisas más. Vamos ao combate, e cumpramos aquilo que nos trouxe aqui; deixemos de lado palavras supérfluas que nada significam, pois se um só de meus cabelos caísse em terra, não quereria cedê-lo a ti, muito menos consentiria que o apanhasses.

– Já que não quereis acordo – disse o juiz –, quereis vida ou morte?

Respondeu o senhor das Vilasermas:

– Muito me dói a morte deste jovem soberbo. Vamos ao combate e retornemos a nossas posições.

O juiz galgou o estrado feito de galhos e gritou:

– Eia, cavaleiros, lute cada um como valente e bom cavaleiro.

Como homens irados, um partiu contra o outro. Nos primeiros golpes desferidos, o cavaleiro francês trazia a faca elevada acima da cabeça enquanto Tirant a trazia à altura dos pés. Frente a frente os dois, o cavaleiro assestou forte golpe no meio da cabeça de Tirant e este lhe rebateu em contrapartida, dando-lhe de revés um golpe sobre a orelha esquerda que, acertada, caiu-lhe sobre o ombro: quase se lhe expunham os miolos. O outro acertou Tirant no centro da coxa, abrindo com a facada brecha de um palmo grande; repetiu rápido outro golpe no braço esquerdo que foi até o osso. Era espantosa a fúria com que ambos pelejavam. De tão próximos, a cada golpe que se davam arrancavam-se tanto sangue que provocavam intensa piedade nos que viam os cruéis ferimentos dos dois, pois as camisas estavam vermelhas do muito sangue que perdiam. Coitadas das mães que os tinham parido! Jerusalém perguntou várias vezes ao juiz se não queria que lhes interrompesse o combate, mas o cruel juiz sempre respondia:

– Deixai-os chegarem ao desejado fim de seus cruéis dias.

Acredito que àquela altura ambos teriam preferido a paz à guerra. Mas, por serem cavaleiros valentíssimos e de grande coragem, permaneciam em combate, implacáveis. Por fim, sentindo-se à beira da morte pelo muito sangue que havia perdido, achegou-se Tirant o mais que pode do outro e atacou-o de frente, golpeando-o no mamilo esquerdo, direto no coração. Revidou-lhe o outro com forte facada sobre a cabeça, fazendo-o perder a visão dos olhos e cair por terra antes dele. Tivesse o francês podido suster-se quando Tirant caiu, bem que teria conseguido matá-lo, se assim o quisesse. Não teve, porém, força suficiente e tombou imediatamente morto no solo.

Vendo o juiz os dois cavaleiros permanecerem tão inertes, desceu do estrado e, aproximando-se deles, disse-lhes:

– Por minha fé, agistes como bons cavaleiros, dignos de muita honra: ninguém vos pode acusar de nada.

Abençoou duas vezes a cada um e tomando dois pedaços de madeira fez com eles cruzes e colocou-as sobre os corpos, dizendo:

– Vejo que Tirant tem ainda os olhos um pouco abertos e, se não está morto, bem perto está de o ser. Peço-vos agora, Jerusalém, que fiqueis aqui guardando os corpos, pois vou à corte dar ciência ao rei e aos juízes de liça.[31]

Adrenalina a mil, leitor eletrizado?... e depois vêm nos dizer – a nós, sócios do Clube dos Leitores Anônimos – que a literatura de hoje é muuuuuito violenta!

Prosseguindo, então: os séculos que separam a dissolução do mundo clássico do surgimento dos tempos modernos viram um mundo (leia-se Europa) repartido em feudos e burgos.

Na literatura, a Idade Média que registra as já mencionadas canções trovadorescas e novelas de cavalaria é musical e aventureira. E quase não sobra espaço para os oprimidos, para a escravidão dos mosteiros e conventos, para o autoritarismo da Igreja Católica que queimava tudo e todos que achasse que era bruxa, bruxaria, herege ou heresia. O que a versão oficial selecionou foi

---

31 Martorell, *Tirant lo Blanc*, p.96-7.

uma literatura que, embora tardiamente recolhida e aparentemente composta ao embalo de vinhos e danças, nas tabernas e nas ruas, só muito raras vezes escapa de um ponto de vista aristocrático e católico.

Mas em outros momentos – é verdade, leitora desconfiada, que bem mais raros – confluem para os textos medievais a malícia e o jogo de cintura do povinho miúdo, sempre às voltas com a autoridade, seja a autoridade da mãe zelosa da castidade da filha ou a do nobre sovina que não paga o prometido.

Alguns bocejos da plateia me dizem que é hora de abafar o blá-blá-blá com a sonoridade do texto. Obedeço.

Calo a boca e chamo em meu socorro vozes de hoje, que ressuscitam tons medievais. Epa! De novo reivindicações de autenticidade da amostra? Vá lá, leitor incorrigível... Mas uma só, e não reclame se não entender...

Como é que é? Uma só é pouco? Duas, então: dois poemas antigos.

Um, o primeiro, com autêntica identidade medieval (composto por Martin Codax no século XIII e que por isso pede leitores que não tropecem na busca da compreensão do texto). Outro, o segundo, com sotaque do sotaque: nele Camões, no século XVI, escreve à moda dos séculos anteriores.

> Mia irmãa fremosa, treides comigo
> A la igreja de Vig', u é o mar salido:
> E miraremo' – las ondas.
> Mia irmãa fremosa, treides de grado
> A la igreja de Vig', u é o mar levado:

E miraremo' – las ondas.
A la igreja de Vig', u é o mar salido, E verrá i, madre, o meu amigo:
E miraremo' – las ondas.
A la igreja de Vig', u é o mar levado, E verrá i, madre, o meu amado:
E miraremo' – las ondas.[32]

MOTE

Descalça vai pera afonte
Lianor, pela verdura;
vai fermosa e não segura.

VOLTA
Leva na cabeça o pote,
o testo nas mãos de prata,
cinta de fina escarlata,
sainho de chamalote;
traz a vasquinha de cote,
mais branca que a neve pura;
vai fermosa e não segura.

Descobre a touca a garganta,
cabelos d'ouro o trançado,
fita de cor d'encarnado...
Tão linda que o mundo espanta!
Chove nela graça tanta
que dá graça à fermosura;
vai fermosa, e não segura.[33]

---

32 Spina, *A lírica trovadoresca*, p.318.
33 Camões, *Lírica completa I*, p.85.

Satisfeita a sede de autenticidade – autenticidade requentada... mas requentada por Luís de Camões (1524/5-1580), poxa?!

Para encerrar o capítulo, quem nos ciceroneia por um tema medieval *passado a limpo* é Arnaldo Antunes, que celebra o amor numa situação de sonho e devaneio, invocando as estrelas do soneto bilaquiano.

Eu sonhei com você

Eu sonhei com você
E acordei sem querer
E queria continuar
E foi tão bom imaginar
Você também a me sonhar
Um sonho tão real assim
Não pode ter afinal nascido só pra mim
Ora direis, ouvir estrelas
Perdeste o senso, meu bem
Ou tudo foi brincadeira
Me deixe saber o que os anjos sentem por lá
Mas fale bem perto, baixinho, pra eu não acordar
Um sonho tão feliz assim
Não deveria ter mais fim
Eu quero voltar a escutar
Dos seus lábios, galáxias dizendo que sim[34]

Gostou, não é, leitor melódico?

---

34 Disponível em: <https://www.letras.com/arnaldo-antunes/1769323/>.

Mas temo que a gente grave – aqueles rabugentos de cara azeda – achará no exemplo umas aparências de pura mistificação, ao passo que a gente frívola não achará nele seu cantor usual. Mas eu, que ainda espero angariar a simpatia dos leitores, continuo apostando em Mano Brown, em Bezerra da Silva, em Arnaldo Antunes e nos Racionais.

Todos eles revivem, no bulício turbinado dos megashows em estádios, a praça medieval. E no ritmo e na cor das canções, revive a *gaia ciência* dos trovadores e jograis andarilhos pela Europa medieval que bem pode reencarnar num boy em trânsito num trem da Central plugado no som de seus fones de ouvido...

Tenho dito, musicais leitores! E passem bem, que outros sotaques e perfis nos esperam!

CAPÍTULO 11
NO QUAL SE AFIAM OLHARES MALICIOSOS E AUDIÇÃO MATREIRA PARA OUVIR E VER PERFIS CLÁSSICOS, BARROCOS E (NEO)CLÁSSICOS *NO QUE SE CHAMA DE LITERATURA*

[...]
uma turma de poetas
que vivem o dia inteirinho
tangendo as cordas da lira,
em vez de atirarem bombas
no Marquês de Barbacena
e no rei de Portugal.
quem dorme mais é Dirceu.[35]

Passou-se o tempo, e com ele a Idade Média, que começa a desbotar suas cores, perante o mundo moderno que aponta no horizonte.

Deixando para trás os textos líricos e melodiosos da Idade Média, a guia tagarela retoma a palavra. E informa: há muitos

---

35 Mendes, A estátua do alferes. In: _____, *História do Brasil*, p.35.

séculos, quase até as portas de 1800, a literatura era produzida em escala muito menor do que agora. Hoje, os livros são impressos em série, vendidos em diferentes pontos – de bancas de jornal a megalivrarias e livrarias virtuais, e também são, como este livro, disponibilizados on-line. Representam renda para seus autores, lucro para editoras e para livrarias. Pessoas físicas e pessoas jurídicas fazem parte da folha de pagamento da *Literatura & Cia. Ltda.*

Esse prosaico circuito comercial que a literatura contemporânea precisa percorrer para chegar das mãos do escritor às do leitor não existia antigamente. Não era assim no tempo de Homero nem no de Virgílio (70 a.c.-19 a.C.), nem na Idade Média. Tampouco era assim até quase o final do século XVIII.

Em tempos mais antigos – na Idade Média, por exemplo –, alguns escritores não precisavam preocupar-se em agradar o público: financiados por alguém rico e geralmente muito poderoso, bastava que tivessem as simpatias desse alguém, seu patrono que, garantindo-lhe abrigo, comida, vestimenta e proteção, financiava-lhe a aventura literária.

Essa forma de produção marcou fortemente a literatura.

Talvez em função de ser em parte produzida e circular na proximidade dos ricos e dos poderosos, a literatura ganhou marcas de atividade de elite, ficando o poeta com a imagem de cidadão improdutivo. Popularizou-se com isso a ideia – até hoje equivocadamente vigente – de que *escrever literatura* é uma atividade ociosa. Como você viu lá atrás, até o dicionário do mestre

Aurélio registra que "para não levar a sério uma pessoa" pode-se dizer que "tudo quanto diz é literatura".

Também ao longo dos séculos XVII e XVIII eram ainda salões da aristocracia que, entre veludos e brocados, goles de chá e bolinhos, recebiam da boca dos poetas suas últimas composições.

O artista diante de um público numeroso e pagante (na Europa, leitores brasileiros, na Europa...) veio depois, na esteira de processos tecnológicos e industriais que baratearam livros e impressos, e na sequência de campanhas maciças de alfabetização.

E porque vem depois, vai para o próximo capítulo!

Mas, de qualquer forma, ficaram no capítulo anterior os trovadores cantando canções em festas palacianas e em tavernas de rua, o teatro nas câmaras reais, os fantoches e pantomimas nas praças e nos adros das igrejas.

Saltando alguns séculos, chega-se ao mundo moderno da Renascença e ao mundo moderníssimo de depois dela, onde nos deteremos, anunciando a cambalhota por sobre a Renascença, com o perdão de todos os renascentistas.

... trata-se, na verdade, de uma obra difusa, esta. Tão difusa que corre o risco de ficar confusa. Que venham, então, os poetas para um toque renascentista. Os poetas, não, **um** poeta. **Um** poeta, não. **O poeta**: pois que Camões, que já entrou nesta história a propósito da Idade Média, retorna ao palco – agora em cenário renascentista – com um soneto maravilhoso e um trechinho de *Os Lusíadas*.

Primeiro, o soneto:[36]

Busque Amor novas artes, novo engenho
Para matar-me, e novas esquivanças,
Que não pode tirar-me as esperanças,
Que mal me tirará o que eu não tenho

Olhai de que esperanças me mantenho!
Vede que perigosas seguranças!
Que não temo contrastes nem mudanças,
Andando em bravo mar, perdido o lenho.

Mas, enquanto não pode haver desgosto
Onde esperança falta, lá me esconde
Amor um mal, que mata e não se vê,

Que há dias, na alma me tem posto
Um não sei quê, que nasce não sei onde,
Vem não sei como e dói não sei porque

Agora, trecho de *Os Lusíadas*, poema que celebra as sangrentas conquistas de Portugal:

Porém já cinco sóis eram passados
Que dali nos partíramos, cortando
Os mares nunca dantes navegados,
Prosperamente os ventos assoprando
Quando hua noite, estando descuidados
Na cortadora proa vigiando,
Hua nuvem que os ares escurece
Sobre nossas cabeças aparece.

---

36 Também disponível em: <http://pracadapoesia.blogspot.com.br/2009/01/busque-amor-novas-artes.html>.

Tão temerosa vinha e carregada,
Que pôs nos corações um grande medo;
bramindo, o negro mar de longe brada,
Como se desse em vão nalgum rochedo.
"Ó potestade (disse) sublimada:
Que ameaço divino ou que segredo
Este clima e este mar nos apresenta,
Que mor cousa parece que tormenta?"

Não acabava quando u'a figura
Se nos mostra no ar, robusta e válida,
De disforme e grandíssima estatura;
O rosto carregado, a barba esquálida,
Os olhos encovados, e a postura
Medonha e má e a cor terrena e pálida;
Cheios de terra e crespos os cabelos,
A boca negra, os dentes amarelos.

Tão grande era de membros, que bem posso
Certificar-te que este era o segundo
De Rodes estranhíssimo Colosso
Que um dos sete milagres foi do mundo.
Cum tom de voz nos fala, horrendo e grosso,
Que pareceu sair do mar profundo.
Arrepiam-se as carnes e o cabelo
A mi e a todos, só de ouvi-lo e vê-lo![37]

---

37 Camões, *Os Lusíadas.*

Epa! Mas se pudemos reduzir a Renascença aos catorze versos de um soneto e a umas poucas estrofes de uma epopeia, *Os Lusíadas*, não podemos fazer o mesmo com o Barroco.

Ainda mais se somos americanos.

Na América Latina, o Barroco parece ter se dado tão bem que até se fala em *Neobarroco* a propósito do que se passou aqui... Também não podemos pular o Neoclassicismo (sim, leitora bem informada, Neoclassicismo é outra forma de designar o Arcadismo!), que – *tchan tchan tchan tchan*! – foi o estilo contemporâneo do momento no qual o Brasil começou a dispor de um sistema literário...

O que é *sistema literário*? Ora, ora, leitor sistemático! É o conjunto de autores, obras e públicos, em interação, que configuram a literatura. Quer discutir melhor o assunto? Tem razão, vale a pena![38]

Combinado?

Barroquemos, pois, e neoclassicizemos, bucólicos leitores!

Numa Europa dividida entre as forças tradicionais do Catolicismo romano, começa a entrar em cena o Cristianismo reformado por Martinho Lutero (1483-1546) e por João Calvino (1509-1564). Entra também no coquetel a herança humanista dos velhos gregos renascidos no Renascimento.

E, com tantas entradas, a literatura dos arredores de 1600 entra em parafuso.

---

38 Confira em Candido, *A formação da literatura brasileira* e *Literatura e sociedade*.

Céu e Terra, homem e Deus, pecado e virtude. Tudo se acotovela para expressar a coexistência de dois mundos. No caso nosso, de brasileiros que então fazíamos parte da cultura ibérica, entre os dois polos tensionados, prevalece o polo católico. Polo católico que se expressa no dourado das igrejas, no cheiro de incenso, em púlpitos filigranados de onde se proferiam sermões engenhosos, em literatura de conventos e de academias, de onde vinham poemas cheios de trocadilhos e de labirintos.

Ver para crer, incrédulo leitor? À vontade...

Em cena, e pela ordem de entrada: o padre Antonio Vieira (1608-1697) com um trechinho de seu *Sermão da sexagésima*, pregado em 1655. Depois, Gregório de Matos (1636-1696) com um engenhoso soneto.

Para ouvir Vieira, rosto contrito, leitora respeitosa!

Suposto que o Céu é pregador, deve de ter sermões e deve de ter palavras. Sim tem, diz o mesmo Davi, tem palavras e tem sermões e mais, muito bem ouvidos. *Non sunt loquellae, nec sermones, quorum non audiantur voces eorum* (Sl 18,4). E quais são estes sermões e estas palavras do Céu? As palavras são as estrelas, os sermões são a composição, a ordem, a harmonia e o curso delas. Vede como diz o estilo de pregar do Céu, com o estilo que Cristo ensinou na terra? Um e outro é semear; a terra semeada de trigo, o Céu semeado de estrelas. O pregar há de ser como quem semeia, e não como quem ladrilha ou azuleja. Ordenado, mas como as estrelas: *Stellae manentes in ordine suo* (Jz 5, 20). Todas as estrelas estão por sua ordem; mas é ordem que faz influência, não é ordem que faça lavor. Não fez Deus o Céu em xadrez de palavras. Se de uma parte está branco, da outra há de estar negro; se de uma parte está dia, da outra há de estar noite; se de uma parte dizem luz, da outra hão de dizer sombra; se de uma parte dizem desceu, da outra hão de dizer subiu. Basta que não havemos de ver num sermão duas palavras em paz? Todas hão de estar sempre em fronteira com o seu contrário? Aprendamos do Céu o estilo da disposição e também o das palavras. Como hão de ser as palavras? Como as estrelas. As estrelas são muito distintas e muito claras. Assim há de ser o estilo da pregação, muito distinto e muito claro. E nem por isso temais que pareça o estilo baixo; as estrelas são muito distintas e muito claras e altíssimas. O estilo pode ser muito claro e muito alto; tão claro que o entendam os que não sabem, e tão alto que tenham muito que entender nele os que sabem. O rústico acha documentos nas estrelas para a sua lavoura, e o mareante para a sua navegação, e o matemático para as suas observações e para os seus juízos. De maneira que o rústico e o mareante, que não sabem ler nem escrever, entendem as estrelas e o matemático que tem lido quantos escreveram não alcança a entender quanto nelas há. Tal pode ser o sermão: estrelas que todos as veem, e muito poucos as medem.[39]

Invista um tempo lendo o texto anterior, do padre Vieira, amada leitora. Depois, relendo-o. Relendo-o em voz alta, sublime leitor, como se fosse ensaio para uma *performance*, como se você estivesse falando para uma multidão de pessoas.

Não se iniba, leitor tímido! Use as mãos, os braços, entonação e altura de voz para impressionar seus ouvintes. Sublinhe, com sua voz, a argumentação cerrada do texto, leitora entusiasmada. Observe como o padre Vieira constrói metáforas para a arte de fazer sermões e vai depois desdobrando as metáforas, ordenando

---

39 Vieira apud Amora, *Presença da literatura portuguesa*, p.171-2.

simetrias, repetindo termos, tecendo perguntas e entretecendo respostas.

Lindeza de retórica, não é mesmo?

Tendo já experimentado o gostinho (quadriculado, eu acho, apesar de o autor dizer que não...) da prosa barroca, chegou a vez e a voz do baiano Gregório de Matos, com mais abóbada celeste!

SONETO

Vês esse sol de luzes coroado
Em pérolas a Aurora convertida;
Vês a Lua, de estrelas guarnecida;
Vês o Céu, de Planetas adornado?

O Céu deixemos: vês naquele prado
A rosa com razão desvanecida,
A açucena por alva presumida,
O cravo por galã lisonjeado?

Deixa o prado: vem cá, minha adorada:
Vês desse mar a esfera cristalina
Em sucessivo aljôfar desatada?

Parece aos olhos ser de prata fina...
Vês tudo isto bem? Pois tudo é nada
A vista de teu rosto, Catarina.[40]

---

40 Matos, A uma dama, pela mesma ideia. In: _____. *Obras completas*, p.101, v.1.

Poema de sedução, que elogia a beleza de Catarina. Como é que é, leitora, você se chama Catarina?

Como o trecho do padre Vieira, o soneto do poeta também é cheio de simetrias, oposições, arranjos caprichosos de perguntas e respostas. O poeta lança mão de elementos visuais, de cores, de brilhos, de matérias preciosas, o que combina bem com um poema que canta a beleza feminina. Ah! Que inveja da moça do poema, não é mesmo, leitoras marinas, carolinas, janaínas...?

Mas, para compensar tanto arrebique barroco em prosa e verso, vêm a seguir dois poemas muito sóbrios. Poemas arcádicos, neoclássicos.

LIRA XIX

Enquanto pasta alegre o manso gado,
Minha bela Marília, nos sentemos
À sombra deste cedro levantado.
Um pouco meditemos
Na regular beleza,
Que em tudo quanto vive nos descobre
A sábia Natureza.

Atende como aquela vaca preta
O novilhinho seu dos mais separa,
E o lambe, enquanto chupa a lisa teta.
Atende mais, ó cara,
Como a ruiva cadela
Suporta que lhe morda o filho o corpo,
E salte em cima dela.

Repara como, cheia de ternura,
Entre as asas ao filho essa ave aquenta,
Como aquela esgravata a terra dura,
E os seus assim sustenta;
Como se encoleriza.
E salta sem receio a todo vulto,
Que junto dele pisa.

Que gosto não terá a esposa amante,
Quando der ao filhinho o peito brando,
E refletir então no seu semblante!
Quando, Marília, quando
Disser consigo: É esta
De teu querido pai a mesma barba,
A mesma boca e testa.

Que gosto não terá a mãe, que toca,
Quando o tem nos seus braços, c'o dedinho
Nas faces graciosas e na boca
Do inocente filhinho!
Quando, Marília bela,
O tenro infante já com risos mudos
Começa a conhecê-la!

Que prazer não terão os pais, ao verem
Com as mães um dos filhos abraçados;
Jogar outros à luta, outros correrem
Nos cordeiros montados!
Que estado de ventura:
Que até naquilo, que de peso serve,
Inspira Amor doçura![41]

---

41 Gonzaga, *Marília de Dirceu*, p.51.

LIRA XIV

Minha bela Marília, tudo passa;
A sorte deste mundo é mal segura;
Se vem depois dos males a ventura,
Vem depois dos prazeres a desgraça.
Estão os mesmos Deuses
Sujeitos ao poder do ímpio Fado:
Apolo já fugiu do Céu brilhante,
Já foi Pastor de gado.

A devorante mão da negra Morte
Acaba de roubar o bem, que temos;
Até na triste campa não podemos
Zombar do braço da inconstante sorte.
Qual fica no sepulcro,
Que seus avós ergueram, descansado;
Qual no campo, e lhe arranca os brancos ossos
Ferro do torto arado.

Ah! enquanto os Destinos impiedosos
Não voltam contra nós a face irada,
Façamos, sim façamos, doce amada,
Os nossos breves dias mais ditosos.
Um coração, que frouxo
A grata posse de seu bem difere,
A si, Marília, a si próprio rouba,
E a si próprio fere.

Ornemos nossas testas com as flores.
E façamos de feno um brando leito,

Prendamo-nos, Marília, em laço estreito,
Gozemos do prazer de sãos Amores.
Sobre as nossas cabeças,
Sem que o possam deter, o tempo corre;
E para nós o tempo, que se passa,
Também, Marília, morre.

Com os anos, Marília, o gosto falta,
E se entorpece o corpo já cansado;
triste o velho cordeiro está deitado,
e o leve filho sempre alegre salta.
A mesma formosura
É dote, que só goza a mocidade:
Rugam-se as faces, o cabelo alveja,
Mal chega a longa idade.

Que havemos de esperar, Marília bela?
Que vão passando os florescentes dias?
As glórias, que vêm tarde, já vêm frias;
E pode enfim mudar-se a nossa estrela.
Ah! Não, minha Marília,
Aproveite-se o tempo, antes que faça
O estrago de roubar ao corpo as forças
E ao semblante a graça.[42]

Nas duas liras, o poeta Tomás Antonio Gonzaga (1744-1810), para conquistar a amada, se faz de pastor e representa o idílio de ambos num cenário ao mesmo tempo campestre e doméstico.

---

42 Disponível em: <http://www.jornaldepoesia.jor.br/tomaz.html>.

Observe como, ao contrário do delírio sensorial das comparações de Gregório de Matos, o universo das liras é medido e meticuloso. Parece que a voz do poeta não se altera quando explica à sua amada o caráter natural da felicidade amorosa.

Como é que é, leitor apaixonado, sua bem amada se chama Marília?

Ou você lê no poema um toque de cantada masculina, prudente leitora? Não dá uma pontinha de saudade da Catarina de Gregório de Matos, leitoras marílias, emílias e dulcílias...?

Eu fico saudosa. E como sou eu que rejo a orquestra, vamos correr para o século XIX!

CAPÍTULO 12
NO QUAL – COM SUSPIROS PROFUNDOS, LÁGRIMAS EM FIO E VALSAS DE CHOPIN – SE BAILA AO SOM DE COMPASSOS ROMÂNTICOS *DO QUE SE CHAMA DE LITERATURA*

Ainda não consegui, eu que leio
Poetas todos os dias,
Encontrar a medida universal,
A fita métrica mágica
Para aferir quem é grande, quem é maior ou menor.
Menor por quê? Por que maior?
Somos poetas os que somos.
Cada leitor é quem sabe
Os que lhe chegam mais perto
Do peito, do ser, da fronte.
Não sei se os meus prediletos
"eu plantei um pé de sono.
Brotaram vinte roseiras."
(só gosto do que me comove,
Só me comove o que entendo)
São pequenos ou são grandes.
Sei só que são bem-amados.[43]

---

43 Mello, Palavra perto do peito. In: _____, *De uma vez por todos*, p.35.

Como se antecipou no capítulo anterior e como se prenunciava em agitações sociais aqui e ali, o mundo aristocrático cheio de regras, modelos, padrões e normas dissolveu-se, evaporou-se. A vida modernizou-se e a modernização atenuou o autoritarismo de algumas de suas feições e fortaleceu o de outras.

Nasceu dessas cinzas o mundo burguês, liberal e romântico ao tempo de seu nascimento.

A burguesia foi vitoriosa na França na famosa revolução de 1789 que decapitou reis e rainhas e que deu início a um ciclo cultural novo. Inspirado em ideias de filósofos iluministas (corra, leitor desprevenido…! Pesquise do que se trata! Quem sabe alguns nomes ajudam: Diderot, d'Alembert, Voltaire, Montesquieu…).

Do outro lado do Canal da Mancha, na Inglaterra, a industrialização criava um modo novo de produção. Desaparecia o artesão e em seu lugar surgia o operário. Entre o operário e a mercadoria que ele produzia estavam as máquinas, cada vez mais aperfeiçoadas. Para fazer a máquina funcionar, o operário precisava saber ler. Abriram-se escolas. A alfabetização espalhou-se, a difusão da leitura ampliou muito o mercado disponível para livros. A Enciclopédia, por exemplo (ideia e iniciativa de alguns dos *iluministas* ali de cima…), vendeu por volta de 25 mil cópias de seus 35 volumes nos arredores de 1751, quando foi lançada!

Quanto livro, hein, leitora espantada…?!

Firma-se uma nova cultura, e nela novas linguagens redefinirão e expressarão a nova posição do homem (e da mulher…) no mundo e a natureza desse mundo. Homens, mulheres e mundos bastante diferentes dos vistos e registrados pelos olhos clássicos, medievais, renascentistas, barrocos e neoclássicos.

Na literatura, essa virada foi o Romantismo.

Comparadas com as práticas e concepções literárias clássicas, concepções e práticas literárias românticas democratizaram-se muito. Produções escritas às quais a literatura clássica torcia o nariz ganharam cidadania.

Exemplos, leitor incrédulo?

O maior e melhor de todos é o romance. Ao lado de um possível (e vago) parentesco com a ilustre epopeia clássica (lembra os versos de *Os Lusíadas* ali atrás?), o romance herdou e transformou tradições narrativas populares. Abandonou o berço aristocrático e, circulando nas páginas de jornais, foi buscar seus leitores num público bastante amplo, desprovido de erudição e quase sem linhagem literária.

Ah! O romance, leitora romântica...!

A guia turística, de novo, pede desculpas pela pressa. Acelere, leitor repousado! A partir da multiplicação de escolas e consequente democratização da leitura, ampliou-se muito a difusão da literatura. Leitura e literatura têm, sim, tudo a ver uma com a outra, meus senhores e minhas senhoras! O mundo dos caríssimos manuscritos antigos, o mundo dos mais modernos mas ainda poucos e caros exemplares impressos com tecnologia precária, a identificação entre leitura, posse de livros e classe dominante – esse mundo começa a ruir, com a multiplicação de leitores e de jornais.

O jornal é barato, veículo democrático de textos de idêntica pretensão. Comprando jornais para ler folhetins, homens e mulheres, jovens e crianças de diferentes origens sociais, capazes de leitura, começam a gostar de ler. Associando-se a gabinetes de leitura podem reler, em volumes, o que tinham lido em capítulos em folhetins. Meio como as novelas e minisséries de hoje, sabe, leitora noveleira...

Daí para a frente, a literatura fica cada vez mais acessível: entra em cena no século XX o livro de bolso, os poemas na música, os romances de capa dura em bancas de jornal, os grafites de parede, as versões eletrônicas dos livros, as histórias interativas... Mas, epa! Esse *daí pra frente* está exagerado. É *muuuuuuuito* depois, é o nosso hoje, de que já tivemos uma amostra, lá no Capítulo 8...

... e este capítulo aqui cuida ainda do século XIX!

Pé no breque e marcha a ré, leitor acelerado!

Sob muitos aspectos, a literatura romântica foi uma festa, em que lágrimas e sorrisos borbulhavam do coração de leitores – muitos leitores, muitas e muitas leitoras – comovidos com o que liam. Aos olhos de hoje, essa concepção e essa prática romântica de literatura parecem ter se ancorado em emoção, fantasia, imaginação, sentimento. Mas, acima de tudo, na experiência nova de uma vida mais livre, mais centrada no indivíduo.

Nos textos românticos, essa liberdade manifesta-se de vários modos.

A linguagem dos livros ficou muito mais próxima da falada na época, e muito mais distante das inflexões clássicas do latim e do grego. A musicalidade dos ritmos casava-se à desobediência à racionalidade limitadora das peripécias, ao sucesso da criação de personagens arrebatadas pela própria fantasia. Tudo isso, transbordando, envolvia e contagiava os leitores e influía na imagem que se fazia de autores.

Leitores e autores tornavam-se, mais do que nunca, solidários e coniventes com as regras do jogo: por que a leitora da época não ficaria sonhando que também ela era filha adotiva, fugiria de casa, encontraria um príncipe disfarçado de mendigo e seria feliz para sempre? Como é que é, leitora solitária? Você quer saber onde se encontram mendigos-príncipe como esse?

Ora! Este livro não é agência de casamento, senhorita!

Esqueça o mundo dos príncipes encantados e mergulhe na história de um romance romântico brasileiro, escrito em 1859 por Ana Luisa de Azevedo Castro (1823-1869), que mistura o imaginário romântico europeu de amores violentamente contrariados a uma paisagem brasileira com sabor de carás e batatas-doces, embebida ao mesmo tempo em religiosidade católica e misticismo indígena:

> Uma noite de inverno, na minha infância, achava-me com minha família na Ponta Grossa, onde estávamos hospedadas em casa de umas gentes as mais antigas do lugar. Ao pé de um bom fogo, cujo calor saboreávamos com delícias, pelo frio que fazia, e onde se assavam carás e batatas-roxas, que eu comia com delicioso prazer, eu ouvia também as histórias que me contavam duas índias velhas, com seu falar pausado e cadencioso, com essa algaravia única, em que se misturam as línguas primitiva e a portuguesa adotada, que tanto me agradava.

De vez em quando atiçavam elas as chamas, e tiravam do braseiro, com tenazes de pau, carás e batatas tão bem cozidos como se tivessem sido preparados no forno. Com a viveza própria de meu caráter, eu fazia mil perguntas à tia Simoa e à mãe Micaela, as duas irmãs índias. Nessa noite, ouvi muitos fatos interessantes acerca dos Padres Santos que seria longo narrá-los.

Porém o que mais me impressionou, e que guardei fielmente na memória, foi uma legenda da Ilha do Mel.

– Mãe Micaela – disse eu à mais velha das índias –, por que causa ninguém vai à Ilha do Mel, e todos dizem ser ela mal-assombrada?

– Ah! Taim – me respondeu ela persignando-se e pulando na sua esteira. – Ah! ah! Mecê quer saber uma história tão feia? Padre, Filho e Espírito Santo! Mecê não há de pregar olhos esta noite. Não, Deus Nosso senhor me livre de contar-lhe isso.

– Está bem, mãe Micaela, como você se recusa aos meus desejos, voltar-me-ei à Tia Simoa, e ela me fará a vontade; além disso, não lhe hei de ensinar as bem-aventuranças, nem lhe hei de ler amanhã a história da princesa Magalona.

– Um! um! um, Taim! Mecê há de fazer tudo isso?... Virgem Maria! Então vou contar-lhe tudo, se mecê tiver medo, eu direi à sua madre que mecê me obrigou: olhe que é uma história do Anhangá!

– Não, boa mãe Micaela, não tenho medo do Anhangá; dê-me mais um cará assado, e comece a sua história.[44]

Ficou curioso, leitor? Pois fez muito bem! Vá ao romance e fique sabendo a história que mãe Micaela contou...

O conceito de literatura como transbordamento de uma alma para outra parece durar até hoje. Com Caetano Veloso, acho às vezes que (ainda) somos todos "um pouco muito românticos". E

---

44 Azevedo Castro, *Dona Narcisa de Vilar*, p.19-21.

parece que o poeta brasileiro Álvares de Azevedo (1831-1852) também achava, e o disse com todas as letras, no texto com que apresenta os poemas de seu livro *Lira dos vinte anos*. Para ele, seus versos eram: "Cantos espontâneos do coração, vibrações doridas da lira interna que agitava um sonho, notas que o vento levou [...] as páginas despedaçadas de um livro não lido...".[45]

O poeta não deixa por menos: devassa (ou faz de conta que devassa) sua intimidade e espera que o leitor se identifique profundamente com seus versos:

> E agora que despi a minha musa saudosa dos véus do mistério do meu amor e da minha solidão, agora que ela vai seminua e tímida por entre vós, derramar em vossas almas os últimos perfumes do seu coração, ó meus amigos, recebei-a no peito, e amai-a como consolo que foi de uma alma esperançosa, que depunha fé na poesia e no amor – esses dois raios luminosos do coração de Deus.[46]

Lágrimas enxutas, leitorinha sentimental? Coração batendo forte, leitor turbinado? Voltemos, então, ao pão, pão; queijo, queijo que anunciava a abertura dos diques que represavam emoção e sentimento. A prática literária que engessava o texto com normas e regras cedeu lugar a outro figurino, que via a liberdade com valor maior. Liberdade de sentimentos que se derramavam em versos confessionais (mas nem por isso necessariamente verdadeiros...) como fez Gonçalves Dias em seu lacrimoso (mas belo) poema "Ainda uma vez Adeus":

---

45 Álvares de Azevedo, *Obras completas de Álvares de Azevedo*, p.3.
46 Ibid.

I
Enfim te vejo! – enfim posso,
Curvado a teus pés, dizer-te,
Que não cessei de querer-te,
Pesar de quanto sofri.
Muito penei! Cruas ânsias,
Dos teus olhos afastado,
Houveram-me acabrunhado
A não lembrar-me de ti!

II
Dum mundo a outro impelido,
Derramei os meus lamentos
Nas surdas asas dos ventos,
Do mar na crespa cerviz!
Baldão, ludíbrio da sorte
Em terra estranha, entre gente,
Que alheios males não sente,
Nem se condói do infeliz!

III
Louco, aflito, a saciar-me
D'agravar minha ferida,
Tomou-me tédio da vida,
Passos da morte senti;
Mas quase no passo extremo,
No último arcar da esperança,
Tu me vieste à lembrança:
Quis viver mais e vivi!
[...]47

---

47 Gonçalves Dias, Ainda uma vez adeus. In: _____. *Poesia completa e prosa*, p.268-269.

Em certos casos, e por algum tempo, a literatura, como prática da liberdade disponível para o escritor dos começos do século XIX, assume também a função de denunciar injustiças e reivindicar uma nova ordem social. É a poesia de protesto. É a poesia para praças públicas, comícios, assembleias. Forma de participação política praticada e vivida nos limites possíveis.

Exemplos? Um dos maiores é Castro Alves, *poeta colosso, sujeito moço que soube o que fez.*

E o que fez ele?

Fez de sua poesia arma de luta contra a sociedade brasileira escravocrata contemporânea sua, gritando para quem quisesse (e quiser ainda) ouvir:

> Adeus, meu canto! É hora da partida...
> O oceano do povo se encapela,
> Filho da tempestade, irmão do raio,
> Lança teu grito ao vento da procela.
> ....
> É tempo agora pra quem sonha a glória
> E a luta... e a luta, essa fatal fornalha,
> Onde referve o bronze das estátuas
> Que a mão dos séc'los no futuro talha...
> ....
> E, pendido através de dois abismos,
> Com os pés na terra e a fronte no infinito,
> Traz a bênção de Deus ao cativeiro,
> Levanta a Deus do cativeiro o grito![48]

---

48 Castro Alves, Adeus, meu canto. In: _____. *Obras completas*, p.125-133, v.2.

Complicado?

O sotaque daquele tempo, leitor linear! O poeta baiano estava dizendo, mais ou menos, que naquele tempo tinha gente como a gente, que, como dizem os Titãs, não queria só comida, que "queria comida, diversão e arte", ou se perguntando "qual foi a Pátria que nos pariu". Qual foi? Ah, perdão pela grosseria, leitora sensível, mas estou tomando emprestadas palavras de Gabriel, o pensador, outro herdeiro legítimo de Castro Alves!

Sinto-me à beira de perder o leitor, e com ele o emprego.

Ideia fixa, fino leitor? Deus me livre de uma ideia fixa, como essa que me está perseguindo, de que meus leitores acham que esse tipo de poesia, como diz Geraldo Vandré, "caminhando e cantando e seguindo a canção", é coisa antiga. Que poesia social e libertária não foi privilégio romântico, assim como tampouco as normas e convenções literárias ficaram sepultadas nos longínquos tempos clássicos.

Certo? Ab-so-lu-ta-men-te cer-to!

Os vários modos de ser da literatura não existem apenas no momento em que nascem. Nem se segmentam com a nitidez com que os apresentam cursos e livros sobre literatura. Os vários modos de ser da literatura, ou seja, os *estilos literários* são, antes de mais nada, linguagens vivas.

Vivas e mutantes.

E, como linguagens vivas, já aparecem antes e continuam a se manifestar depois de sua vigência oficial. O que é *vigência oficial*, leitora perguntadeira? São os estilos delimitados por aquelas datas com que a história da literatura marca o início dos movimentos literários, por exemplo, 1836 para o Romantismo e 1880 para o Realismo.

Traços e estilos, menos ou mais ostensivos, entrelaçados a outras tendências, empurrados a muque para dentro ou para fora, desta ou daquela forma, mas sempre presentes. Como cantava Geraldo Vandré, que já deu uma mão ali em cima: "nas escolas, na vida, bancos, procissões"; ou na memória.

Portanto... retifique seu nariz, leitor recalcitrante, que continuamos a viagem.

Já é tempo de deixar os poetas românticos a sós com lágrimas, suspiros de saudade, brados de indignação e revolta. Virar a página, mas continuar no Romantismo, pois também marcou a literatura romântica o acelerado desenvolvimento e reconhecimento do romance, gênero literário anteriormente sem prestígio e considerado menor, *coisa do povo e de mulheres...*

Credo! Nada disso!

Em sua oficina, o *romancista*, nova personagem central da vida literária, tece suas teias de sedução.

Com a palavra, Joaquim Manuel de Macedo (1820-1882), prosador brasileiro da primeira metade do século XIX e de Ibope alto entre os leitores contemporâneos seus (e alguns nossos). Veja como ele apresenta *A moreninha*, sua primeira grande obra (1844) e nosso primeiro best-seller. Tão best-seller que virou filme, novela, história em quadrinhos. Só falta um hipertexto, um game... quem sabe você não faz um blog para ela? Dava um hipertexto hiperlegal!

Mas enquanto seu hipertexto não vem, vamos ver como o autor apresentou o livro na primeira edição:

> Eis aí vão algumas páginas escritas, às quais me atrevi a dar o nome de Romance. Não foi ele movido por nenhuma dessas três poderosas inspirações que tantas vezes soem aparar a pena dos autores: glória, amor, interesse [...]. [Velei] trinta noites garatujando o que por aí vai. Este pequeno romance deve sua existência somente aos dias de desenfado e folga que passei no belo Itaboraí, durante as férias do ano passado. Longe do bulício da corte e quase em ócio, a minha imaginação assentou lá consigo que bom ensejo era esse de fazer travessuras e em resultado delas saiu *A moreninha*.[49]

Há muita lábia nessa apresentação, não é mesmo? Macedo quer embrulhar seu romance e seus leitores! E dá seu recado fazendo charme, insinuando modéstia, noites em claro, horas de lazer empregadas na escrita... Como é que o leitor não vai gostar?

Claro que vai. Qualquer leitor gosta!

E o leitor arguto, e a leitora escolada em entrelinhas das entrelinhas, compra a promessa irresistível de um romance feito por quem é íntimo da vertiginosa vida da corte, embora esteja temporária e voluntariamente dela afastado...

São mais ou menos assim as confissões que fazem muitos outros romancistas, as instruções que dão a seus leitores.

O divertido Manuel Antonio de Almeida (1831-1861), autor de *Memórias de um sargento de milícias* (1854-1855), e José de

---

49 Macedo, *A moreninha*, p.43.

Alencar tratam seu público da mesma forma, com mesuras – como efeitos especiais – destinadas a impressionar leitores.

O figurino pelo qual Manuel Antonio de Almeida – um pioneiro da prosa – procura cativar seus leitores é muito eficiente: consiste em entremear à narração das confusões da personagem (Leonardo) observações dirigidas aos leitores (Isso mesmo, leitor perspicaz e leitora esperta! Meio como o que faço neste livro!!!). Manuel Antonio de Almeida incentiva seus leitores a participarem da história, a avaliarem o comportamento das personagens, a tomarem partido. Veja como:

> Passaram-se algumas semanas: Leonardo, depois de acabadas todas as cerimônias, foi declarado agregado à casa de Tomás da Sé, e aí continuou convenientemente arranjado. Ninguém se admire da facilidade com que se faziam semelhantes coisas; no tempo em que se passavam os fatos que vamos narrando nada havia mais comum do que ter cada casa um, dois e às vezes mais agregados.
>
> Em certas casas os agregados eram muito úteis, porque a família tirava grande proveito de seus serviços, e já tivemos ocasião de dar exemplo disso quando contamos a história do finado padrinho de Leonardo; outras vezes, porém, e estas eram em maior número, o agregado, refinado vadio, era uma verdadeira parasita [...]
>
> Em qual dos dois casos estava ou viria estar em breve o nosso amigo Leonardo? O leitor que o decida pelo que se vai passar.[50]

Também José de Alencar se vale do mesmo figurino.

---

50 Almeida, *Memórias de um sargento de milícias*, p.94.

Seu romance *Lucíola* (1862) é a história de uma moça que se prostitui para sustentar a família e que, arrependida, expia sua culpa num amor impossível e numa... oooops! Não, não vou estragar o suspense. Nada de *spoilers*! Só antecipo que o enredo não é nada light.

Isso mesmo! Corra para ler a história, que pode ser lida até de graça... bibliotecas, internet... Corra, leitor heavy, leitora dark!

Esbanjando charme para seduzir e envolver leitores, José de Alencar dá voz a um narrador que amarra a história contada num conjunto de cartas que diz ter escrito para uma mulher madura. Nelas, confessa-se *temeroso* dos efeitos morais que sua história possa ter sobre leitoras jovens... manobra seguríssima para interessar leitores, sobretudo as jovens, não é mesmo?

E veja como o narrador orquestra bem o que diz:

> A senhora estranhou, na última vez que estivemos juntos, a minha excessiva indulgência pelas criaturas infelizes, que escandalizam a sociedade com a ostentação do seu luxo e extravagâncias.
>
> Quis responder-lhe imediatamente, tanto é o apreço em que tenho o tato sutil e esquisito da mulher superior para julgar de uma questão de sentimento. Não o fiz, porque vi sentada no sofá, do outro lado do salão, sua neta, gentil menina de 16 anos, flor cândida e suave, que mal desabrocha à sombra materna. Embora não pudesse ouvir-nos, a minha história seria uma profanação na atmosfera que ela purificava com os perfumes da sua inocência; e – quem sabe? – talvez por ignota repercussão o melindre de seu pudor se arrufasse unicamente com os palpites de emoções que iam acordar em minha alma.[51]

---

51 Alencar, *Lucíola*, p.18.

Veja quanta informação saborosa ele antecipa: o romance transforma o leitor num *bisbilhoteiro* de cartas alheias, que informam que o romance trata de uma mulher escandalosa, cuja história é profana e despudorada. Não parece sob medida para leitores e leitoras se alvoroçarem?

Também em *Iracema* (1865), o mesmo escritor se vale de cartas. Faz o leitor sentir-se em casa, franqueando a seus ouvidos uma conversa – por assim dizer – de compadres, por meio de cartas que abrem e encerram o livro.

A que fecha o volume começa assim:

> Já leu o livro [...]
>
> Conversemos sem cerimônia, em toda a familiaridade, como se cada um estivesse recostado em sua rede, ao vaivém do lânguido balanço [...]
>
> Se algum leitor curioso se puser à escuta, deixá-lo. Não havemos por isso de mudar o tom rasteiro da intimidade pela frase garrida das salas.
>
> Sem mais.
>
> Há de recordar-se você de uma noite que, entrando em minha casa, quatro anos a esta parte, achou-me rabiscando um livro [...]
>
> Já estava eu meio descrido das coisas, e mais dos homens; e por isso buscava na literatura diversão à tristeza que me infundia o estado da pátria entorpecida pela indiferença. [...][52]

O leitor de *Iracema* é arrastado para a varanda de uma casa de fazenda cearense e para a retrospectiva de dois homens que conversam.

---

52 Alencar, *Iracema*, p.79.

Não parecem todos esses narradores uma grande família, uma família de profissionais da narração que confia que os leitores vão acreditar no que ouvem? Para mim parecem, e muito. E o melhor é que acredito!

Perdão, leitor enigmático.

É possível que depois de tanta leitura você tenha virado um daqueles intelectuais que acham que não fica bem exemplificar sempre e apenas com autores de língua portuguesa. *I beg your pardon, Sir, et je m'excuse...* Sei que tem gente que acha que a literatura em língua portuguesa é "pobre pobre pobre de marré marré marré"...

Se você acha isso, perdão, mas você está no livro errado!

Mas, veja só: como é um pouco tarde para desfazermos nosso pacto de autor/leitor, vou fazer uma concessão e transcrever um trechinho de *Paulo e Virgínia* (1787), romance do escritor francês Bernardin de Saint-Pierre (1737-1814).

Mas só faço a concessão porque *Paulo e Virgínia*, publicado em Portugal em 1788 e no Rio de Janeiro em 1811, é muito citado por autores e personagens da literatura brasileira. O livro é mencionado por Eustácio, personagem de *Helena* (1876), de Machado de Assis (1839-1908), e também aparece em *A carne* (1888), de Júlio Ribeiro (1845-1890). Em livros que brasileiras e brasileiros de carne e osso liam no século XIX, volta e meia alguém tira a história de Paulo e Virgínia da estante, lê capítulos do livro em serões, evoca-o em reminiscências... o que sugere que esse romance francês circulou muito entre nós.

Pudera não! Até hoje a gente fica de olho molhado ao ler o diálogo em que Paulo, que morava com a mãe (Marguerite),

Virgínia e a mãe dela (Madame de la Tour) numa colônia francesa (hoje a Ilha Mauricius), recrimina Virgínia por partir para a França:

Madame de la Tour, Marguerite e eu estávamos sentados a alguma distância embaixo das bananeiras, e, no silêncio da noite, ouvimos perfeitamente a conversa deles, que eu jamais esqueci:

Paulo lhe disse:

— Mademoiselle, vós partis, dizem, em três dias. Não temeis expor-vos aos perigos do mar... do mar do qual vós sois tão temerosa!

— É preciso — respondeu Virgínia — que eu obedeça aos meus pais e ao meu dever.

— Vós nos deixais — replicou Paulo — por uma parenta afastada, que vós jamais vistes!

— *Helas!* – disse Virgínia. – Eu queria ficar aqui toda a minha vida, mas minha mãe não o quis. Meu confessor me disse que a vontade de Deus era que eu partisse; que a vida era uma provação... Oh! é uma provação muito dura!

— *Quoi* — redarguiu Paulo — tantas razões vos decidiram, e nenhuma vos convenceu a ficar! Ah! E há ainda uma que vós ainda não me dissestes. A riqueza tem grandes atrativos. Vós encontrareis logo, num mundo novo, alguém a quem chamar de irmão, nome de que já não me chamais. Vós o escolhereis, este irmão, entre pessoas dignas de vós por um nascimento e por uma fortuna que eu não posso vos oferecer. Mas, para ser mais feliz, onde quereis ir? Em que terra desembarcareis que vos seja mais querida do que aquela onde nascestes? Onde encontrareis um grupo mais amigo do que entre aqueles que vos amam? Como podereis viver sem os carinhos de vossa mãe, aos quais estais tão acostumada? E que será dela, já de idade, quando não mais vos tiver a seu lado na mesa, em casa, nos passeios durante os quais sois seu arrimo? E que será de minha mãe, que vos quer tanto quanto a vossa? O que direi a elas quando as vir chorando pela vossa ausência? Cruel! E eu não vos digo nada de mim: mas que será de mim, quando pelas manhãs não mais vos vir conosco, e quando a noite vier sem nos reunir? e quando eu contemplar estas duas palmeiras plantadas quando nascemos e por tanto tempo testemunhas de nossa amizade? Ah, que um novo destino te aguarda, buscas países diferentes de teu país natal, outros bens diferentes daqueles que meu trabalho constrói, deixa-me te acompanhar ao barco no qual partes. Eu te protegerei nas tempestades que tanto medo te causam na terra. Eu reclinarei tua cabeça sobre meu peito, e eu esquentarei teu coração contra o meu coração; e na França, onde tu vais em busca de fortuna e de grandeza, eu te servirei como escravo. Feliz apenas com tua felicidade, nos hotéis onde te verei servida e adorada, eu serei ainda bastante rico e bastante nobre para te fazer o maior dos sacrifícios, morrendo a teus pés.

Os soluços embargaram sua voz, e nós imediatamente ouvimos a voz de Virgínia entrecortada de suspiros, dizendo a ele:

– É por ti que eu parto…, por ti que eu vi todos os dias curvado pelo trabalho para alimentar duas famílias enfermas. Se eu concordei em aproveitar a ocasião de ficar rica, é para te retribuir mil vezes o bem que tu nos fizeste. Uma fortuna é digna de tua amizade? Que me dizes de teu nascimento? Ah! se ainda me fosse possível me dar um irmão escolheria eu um outro que tu? Ó Paulo! Ó Paulo! Tu me és muito mais querido do que um irmão! Quanto me custou decidir me afastar de ti! Eu queria que tu me ajudasses a separar-me de mim mesma até que o céu pudesse abençoar nossa união. Enquanto eu fico, eu parto, eu quero, eu morro; faz de mim o que quiseres. Moça sem virtude! eu pude resistir a tuas carícias, mas não posso resistir a tua dor!

A estas palavras, Paulo a apertou em seus braços e, mantendo-a abraçada, gritou com uma voz terrível:

— Eu parto com ela, nada me poderá afastar dela.

Corremos todos para ele e Madame de la Tour lhe diz:

— Meu filho, se vós nos abandonais, que será de nós?[53]

Conferiu, leitora lacrimosa? Observou como o texto passa de "vós" a "tu" à medida que se intensifica o clima emocional da conversa entre os dois jovens?

E, dito isso, é tempo de enxugar os olhos e — olhos enxutos! — mudar de capítulo e de prática literária.

---

53 Saint-Pierre, *Paul et Virginie*, p.234-7.

CAPÍTULO 13
NO QUAL – ABAFANDO SUSPIROS, ENXUGANDO LÁGRIMAS E DESLIGANDO CHOPIN – DESFILAM PERFORMANCES PÓS-ROMÂNTICAS (REALISTAS & NATURALISTAS) *DO QUE SE CHAMA DE LITERATURA*

En la lucha de clases
todas las armas son buenas
piedras
noches
poemas[54]

Nem só lágrimas, brados de revolta, poemas libertários, romances açucarados e salamaleques ao público leitor derramam-se da literatura do século XIX.

Nem por sonhos!

Por volta da metade dos 1900, leitores e autores já eram outros, mais espertos e menos ingênuos. Sobretudo os leitores (sim, caríssimos! Somos sempre mais espertos e espertíssimas do que escritores e escritoras!) que, tendo aprendido sua lição de

---

54 Leminski, *Caprichos & relaxos*, p.76.

leitura, ficavam às vezes fartos do cardápio tantas vezes repetido. E levavam piparotes e palmadas de narradores mais impacientes como o mal-humorado Brás Cubas de Machado de Assis (1839-1908):

> Que me conste, ainda ninguém relatou o seu próprio delírio; faço-o eu, e a ciência mo agradecerá. Se o leitor não é dado à contemplação destes fenômenos mentais, pode saltar o capítulo; vá direto à narração.[55]

> Não a vi partir; mas à hora marcada senti alguma cousa que não era dor nem prazer, uma cousa mista, alívio e saudade, tudo misturado, em iguais doses. Não se irrite o leitor com esta confissão. Eu bem sei que, para titilar-lhe os nervos da fantasia, devia padecer um grande desespero, derramar algumas lágrimas, e não almoçar, seria romanesco; mas não seria biográfico. [...][56]

> E agora sinto que, se alguma dama tem seguido estas páginas, fecha o livro e não lê as restantes. Para ela extinguiu-se o interesse da minha vida, que era o amor.[57]

Temperando os piparotes que pespega em seus leitores – e sobretudo em suas leitoras –, o cardápio machadiano é uma festa de ironia, calcada em análises implacáveis das personagens que atravessam suas histórias. Exemplar delas é a forma pela qual o narrador apresenta Falcão, a incorrigível personagem do conto

---

55 Machado de Assis, *Memórias póstumas de Brás Cubas*, p.518, v.1.
56 Ibid., p.611.
57 Ibid., p.623.

"Anedota pecuniária". O narrador machadiano parece usar sempre um monóculo oblíquo e dissimulado por cima do nariz e controlar a reação dos leitores:

> Se eu disser que este homem vendeu uma sobrinha, não me hão de crer; se descer a definir o preço, dez contos de réis, voltar-me-ão as costas com desprezo e indignação. Entretanto, basta ver este olhar felino, estes dois beiços, mestres de cálculo, que, ainda fechados, parecem estar contando alguma cousa, para adivinhar logo que afeição capital do nosso homem é a voracidade do lucro. Entendamo-nos: ele faz arte pela arte, não ama o dinheiro pelo que ele pode dar, mas pelo que é em si mesmo! Ninguém lhe vá falar dos regalos da vida. Não tem cama fofa, nem mesa fina, nem carruagem, nem comenda. Não se ganha dinheiro para esbanjá-lo, dizia ele. Vive de migalhas; tudo o que amontoa é para contemplação. Vai muitas vezes à burra, que está na alcova de dormir, com o único fim de fartar os olhos nos rolos de ouro e maços de títulos. Outras vezes, por um requinte de erotismo pecuniário, contempla-os só de memória.[58]

Bem pouco simpático esse Falcão... eu acho. Mas o engraçado (?) é que a gente sempre conhece alguém que é direitinho assim, não é mesmo?

Com o dinheiro ocupando um primeiro plano tão ostensivo na vida diária, o sonho *da liberdade-igualdade-fraternidade* da Revolução Francesa já tinha acabado. O mundo que se iniciava depois de dobrada a esquina do Romantismo era um mundo pé no chão, dinheiro no bolso. A cultura burguesa espalhava e as-

---

58 Machado de Assis, Anedota pecuniária. In: *Obra completa*, v.2.

sumia hábitos culturais mais condizentes com suas novas prerrogativas de hegemonia econômica e política.

No avesso disso, o proletariado multiplicava-se nas fábricas e começava a gritar nas ruas. No Brasil, poucas fábricas e poucos operários. E muitos escravos e homens livres muito pobres.

Nesse panorama, as representações de mundo propostas pelos românticos perdiam força e sentido. E, com elas, iam também por água abaixo práticas e noções de literatura que o Romantismo subscrevia.

Está me seguindo, leitor distraído?

O barulho da industrialização crescente se fazia ouvir e fazia parecer envelhecido o poder da linguagem romântica; dos laboratórios vinham teses incômodas quanto à natureza humana, e a crença no que se via nos microscópios deixava fora de moda a imaginação e a fantasia.

A literatura começou a pensar-se, a produzir-se e a impor-se ao público como documento e retrato de uma sociedade. Sociedade que ela, às vezes, considerava injusta.

"O tempo sacode a cabeleira e a trança toda vermelha" marca a virada realista. No horizonte, laboratórios, pinças, psicologia, anatomia, socialismo, determinismo e algumas outras rimas em *ismo* e em *ia*.

Em pauta agora conceitos e práticas de literatura que se anunciam representação fiel do real e que prometem abolir qualquer tipo de alteração desse real pelo sentimento ou pela imaginação!

Mas... cuidado!

A designação *realismo* abre espaço para muita confusão, leitores confusos! Realismo é uma *palavra curinga* que vale para tudo! Em sentido largo, a literatura sempre foi, é e continuará sendo realista. Por mais transformações ou transfigurações que imaginação e fantasia operem no real, esse real sempre se mostrou e continua a mostrar-se na literatura, para quem quer e sabe vê-lo. Aquele lance que já discutimos no Capítulo 7 de a linguagem ser mediação obrigatória entre nós e as coisas, lembra, leitora filósofa?

O que a chamada literatura realista propõe, então, como reação ao Romantismo é um novo conceito de realidade. Para obras estritamente realistas, só é real o que é representado pela linguagem da ciência, o que foi testado em laboratório ou apresentado como se tivesse sido...

Se fôssemos maliciosos, poderíamos desconfiar de todos: tanto das lágrimas e dos suspiros que os autores românticos juravam ter derramado e suspirado enquanto escreviam suas novelas e seus versos quanto dos testes e das pesquisas que os autores realistas diziam que faziam, da familiaridade com Biologia, Fisiologia & outras *logias* às quais diziam pedir informações precisas e rigor absoluto.

Era tudo convenção, e podia bem ser tudo lorota, leitor crédulo...

Sejamos maliciosos, pois, doce leitora! O que Fernando Pessoa diz do poeta, que "o poeta é um fingidor", não vale só para o poeta não, fingidor é ele e toda a galera de escritores...

O caso é que o Realismo põe em circulação um figurino novo.

No afã de afirmar suas diferenças com o que vinha antes, os realistas – e a tribo mais radical deles, os naturalistas – prometiam fundir-se o mais possível à realidade. Renegavam o passado imediato, como, aliás, fizeram e continuam fazendo todas as vanguardas.

No caso das últimas décadas do século XIX, a rebeldia desfraldou várias bandeiras e seguiu vários caminhos. Em alguns textos, as práticas e discussões de literatura se insurgem contra a linguagem à vontade e propõem o retorno à linguagem de terno e gravata. Em outras práticas e discussões, a marca do tempo traduz-se no abandono de ambientes idealizados, refinados e luxuosos e no mergulho no dia a dia dos pobres e dos miseráveis. Para outras, ainda, a ruptura com o passado dá-se no enfoque quase obsessivo de personagens criadas com rigor, numa poética que tinha na ciência seu modelo máximo.

Às personagens *emoção-e-sentimento* do Romantismo seguem-se *personagens-instintos, personagens-classes-sociais*. Essa ânsia científica – lembre-se, leitor desinformado, de que nessa época a Sociologia caprichava no modelito científico que vestia –, essa, por assim dizer, tomada de posse do corpo e do bolso era pesadíssima.

Papo cabeça e alma em baixo astral, leitora informadíssima?

Um episódio curioso que envolve o escritor Coelho Neto (1864-1934) pode ilustrar esse modo de encarar a literatura na segunda metade do século XIX.

Por que Coelho Neto, leitora de vanguarda? Porque ele foi um escritor que virou o século, escreveu muitas e muitas obras ao longo de muitos e muitos anos e vivia do que escrevia. Coelho Neto é dos escritores brasileiros que primeiro se profissionalizaram, vivendo a versão tropical da belle époque parisiense, onde tinham os olhos os que no Rio de Janeiro viviam a vida literária.

Como é que é, leitor recalcitrante? Antes de Coelho Neto você quer uma amostra do que ficou dito logo antes? Vá lá, que seja! Tome aí um pouco de Aluísio Azevedo (1857-1913). Seu romance *O homem* (1887) é mostruário legítimo da prosa naturalista, que levava o Realismo às últimas consequências.

O rapaz passou um dos braços na cintura de Magda e com o outro a suspendeu de mansinho, pelas curvas dos joelhos, chamando-a toda contra o seu largo peito nu. Ela soltou um longo suspiro e, na inconsciência da síncope, deixou pender molemente a cabeça sobre o ombro do cavouqueiro. E, seguidos de perto pelo velho, lá se foram os dois, abraçados, descendo, pé ante pé, a íngreme irregularidade do caminho.

Era preciso toda atenção e muito cuidado para não rolarem juntos; o moço fazia prodígios de agilidade e de força para se equilibrar com Magda nos braços. De vez em quando, nos solavancos mais fortes, o pálido e frio rosto da filha do Conselheiro roçava na cara afogueada do trabalhador e tingia-se logo em cor-de-rosa, como se lhe houvera roubado das faces uma gota daquele sangue vermelho e quente. Ela afinal teve um dobrado respirar de quem acorda, e entreabriu com volúpia os olhos. Não perguntou onde estava, nem indagou quem a conduzia; apenas esticou nervosamente os músculos num espreguiçamento de gozo e estreitou-se em seguida ao peito do rapaz, unindo-se bem contra ele, cingindo-lhe os braços em volta do pescoço com a avidez de quem se apega nos travesseiros aquecidos para continuar um sono gostoso e reparador. E caiu depois num fundo entorpecimento, bambeando as pálpebras; os olhos em branco, as narinas e os seios ofegantes; os lábios secos e despregados, mostrando a brancura dos dentes. Achava-se muito bem no tépido aconchego daquele corpo de homem; toda ela se penetrava do calor vivificante que vinha dele; toda ela aspirava, até pelos poros, a vida forte daquela vigorosa e boa carnadura, criada ao ar livre e quotidianamente enriquecida pelo trabalho braçal e pelo pródigo sol americano. Aquele calor de carne sã era uma esmola atirada à fome de seu miserável sangue.

E Magda, sentindo no rosto o resfolegar ardente e acelerado do cavouqueiro, e nas carnes macias da garganta o roçagar das barbas dele, ásperas e maltratadas, gemia e suspirava baixinho como se estivessem a acarinhá-la depois de longa e assanhada pugna de amor.[59]

Satisfeito, leitor teimoso? Mostrada então a amostra, vamos à história de Coelho Neto.

Ao acabar seu romance *Inverno em flor*, ele teve medo de não ter sido suficientemente rigoroso e científico. Não querendo que seu trabalho fosse considerado imaginoso e fantasista, foi buscar apoio, se não na ciência, ao menos em alguns de seus representantes mais à mão, cientistas cariocas. Com esse objetivo, ele antecedeu o lançamento do livro de uma espécie de *consulta* a especialistas e incorporou depois ao livro a consulta que disse que tinha feito:

Exmo. Sr. Dr.
Capital Federal, 15 de dezembro de 1897
Antes do julgamento propriamente literário do meu romance *Inverno em flor*, do qual tomo a liberdade de enviar um exemplar a V. Excia., desejava ouvir a opinião dos especialistas sobre o método

---

59 Azevedo, *O homem*, p.95-6.

seguido na apresentação gradativa do caso de um delírio crônico de evolução sistemática, com estigmas hereditários.

Todo o romance gira em torno duma psicose, consequentemente é sobre o tipo essencial de Jorge Soares que espero a palavra erudita de V. Excia., pedindo mais a fineza de remeter-me para a minha residência, permitindo-me fazer dela o uso que me convier.

Com a mais alta consideração

Subscrevo-me, de V. Excia. admirador.

Coelho Neto[60]

Golpe de mestre: choveram respostas.

Mesmo que não tenha garantido rigor ao romance, o procedimento deve ter funcionado como propaganda eficiente do livro que – como as reportagens sensacionalistas de hoje – promete contar tim-tim por tim-tim *como é que foi messsssssssmo que aconteceu!*

Seria covardia e ofensa grave a meus brilhantes leitores recorrer às entrelinhas, quando as linhas são tão eloquentes. E como, ao que me conste, não deve ninguém melindrar seus leitores, confio a cada um a tarefa de juntar dois mais dois e ver que são mesmo quatro, apesar da sedução do cinco...

Grande jogada a de Coelho Neto, não?

Mas chega de tanta Prosa, de tanto romance.

Vamos para o departamento de Poesia...

60 Apud Dimas (Org.), *Aluísio Azevedo*, p.100.

CAPÍTULO 14
NO QUAL SE REGISTRAM FLAGRANTES DELITOS NAS CREDENCIAIS DO PARNASIANISMO, DO SIMBOLISMO E DO PRÉ-MODERNISMO, POR ALGUM TEMPO ESTRELAS *DO QUE SE CHAMA DE LITERATURA*

> [...]
> *O sapo-tanoeiro,*
> *parnasiano aguado,*
> *diz: – meu cancioneiro*
> *é bem martelado.*[61]

Pausa.

Outras noções de literatura, outras práticas literárias, outro capítulo.

Ainda tratando do século XIX, mas dobrando um pouco a esquina do século XX!

O antirromantismo não se manifestou somente na prosa do 1900. Mexeu também com a poesia. O soneto, que, por constituir uma estrutura poética fixa de catorze versos, tinha sido quase

---

61 Bandeira, Os sapos. In: _____, *Estrela da vida inteira*, p.51.

abandonado durante o Romantismo, recuperou popularidade entre os *pós* e *antirromânticos*.

Parnasiemos um pouco, então, leitor! Leia aí, nos catorze versos decassílabos (Oooops! Decassílabo é um verso que conta com dez sílabas até a sílaba tônica de sua última palavra...), um soneto publicado em *Tarde*, livro póstumo de Olavo Bilac (1865-1918). A obra foi editada já no século XX, mas guarda marcas bem claras do que tinha sido a poesia um pouco antes disso no Parnasianismo:

A um poeta

Longe do estéril turbilhão da rua,
Beneditino, escreve! No aconchego
Do claustro, na paciência e no sossego,
Trabalha, e teima, e lima, e sofre, e sua!

Mas que na forma se disfarce o emprego
Do esforço; e a trama viva se construa
De tal modo, que a imagem fique nua,
Rica mas sóbria, como um templo grego.

Não se mostre na fábrica o suplício
Do mestre. E, natural, o efeito agrade,
Sem lembrar os andaimes do edifício:

Porque a Beleza, gêmea da Verdade,
Arte pura, inimiga do artifício,
É a força e a graça na simplicidade.[62]

---

62 Bilac, *Poesias*, p.336.

Bonito, não é?, leitora fã do Príncipe dos Poetas, o poeta das estrelas e da Via Láctea!

Olavo Bilac investe-se da função de *mestre* e de *conselheiro* do poeta mencionado no título do poema. Legisla: no modo imperativo, elenca as tarefas do poeta de seu tempo, que "trabalha, e teima, e lima, e sofre, e sua". A receita de poesia prossegue nas outras estrofes, que enumeram atributos do poema, aproximando-o do modelo marmóreo e impávido do templo grego.

Lembrou do Classicismo, leitor memorioso? É por aí mesmo...

Essa consciência artesanal poderia ser interpretada como incorporação ao fazer poético do rigor e da precisão. Mas nunca como *apenas* isso! No segundo terceto (Ooooops! Terceto é uma estrofe de três versos...), uma quase trapaça: as maiúsculas em *Beleza* e *Verdade* dão um toque de universalidade, de profundidade a todos os abstratos que salpicam a estrofe; e, no terceto anterior, sugerir que o resultado de tanto esforço é *natural* é demais, não é mesmo? Afinal, para que tanta preocupação em fazer parecer *natural* o que deu tanto trabalho para fazer?

Mas o tom professoral é comum em textos que creem que a linguagem literária é veículo convincente da Verdade e da Beleza, com maiúsculas, como queria o Bilac desse poema. Foi nessa época que o texto começou a fazer da percepção sensorial ponte entre o leitor e o escritor. Essa imersão no sensorialismo e na materialidade cria outros envolvimentos e favorece outros modos de leitura.

Já se trata de um novo começo, do início de uma *outra* linguagem poética que começa a encorpar-se (mesmo sem o saber!), como ocorre no soneto "Vila Rica", do mesmo Olavo Bilac:

Vila Rica

O ouro fulvo do ocaso as velhas casas cobre;
Sangram, em laivos de ouro, as minas, que a ambição
Na torturada entranha abriu da terra nobre:
E cada cicatriz brilha como um brasão.

O ângelus plange ao longe em doloroso dobre.
O último ouro do sol morre na cerração.
E, austero, amortalhando a urbe gloriosa e pobre,
O crepúsculo cai como uma extrema-unção.

Agora, para além do cerro, o céu parece
Feito de um ouro ancião que o tempo enegreceu...
A neblina, roçando o chão, cicia, em prece,

Como uma procissão espectral que se move...
Dobra o sino... Soluça um verso de Dirceu...
Sobre a triste Ouro Preto o ouro dos astros chove.[63]

Na minha opinião, um poema muito bonito. E na opinião de vocês, leitores?

Tome fôlego, leitor desabituado de ritmos parnasianos!

Leituras múltiplas, deixando-se impregnar pela atmosfera antiga, sensorial e histórica que o poeta constrói ao longo dos catorze versos agora alexandrinos (pois é: chamam-se assim versos de doze sílabas...). Dicionário necessário para o *fulvo* do primeiro verso? Enciclopédia requerida para o Dirceu do verso 13? Ora, cáspite! Dirceu é o nosso já conhecido Tomás Antonio

63 Ibid., p.337.

Gonzaga (Corra! Volte umas páginas e dê uma olhada no Capítulo 11), que arrastou seus amores por Marília na Vila Rica da Inconfidência Mineira...

A sugestão da guia da excursão é manter olhos e ouvidos abertos. Aliás, escancarados, junto com a imaginação. "Vila Rica" se tece de percepções guiadas pelos sentidos: tanto os do autor quanto os do leitor. Percepções dispersas em impressões sensoriais. Que não dispensam, no entanto, "trabalho, teimosia, lima, sofrimento e suor". Do poeta e dos leitores. "Chuva, suor e cerveja", leitora carnavalizada!

Essa Vila Rica de Olavo Bilac tem muito de artesanal.

O quinto verso, o "ângelus [que] plange ao longe em doloroso dobre", é cheio de nasalidades. Elas sonorizam e, sonorizando, atenuam os brilhos dos dourados nobres enfatizados em cada um dos quatro primeiros versos. E, desbotados os ouros no último ouro do sol, resta apenas a paisagem, não mais geográfica, mas suspensa na memória e no sonho, que transfere para além e para os astros a visão transfigurada de uma cidade imersa em cores, sons e sensações.

Não é lindo? Eu acho!

Mas... quem é que está aí dizendo *E além de Bilac?* Ora, leitor insistente, Bilac já está de bom tamanho! Mas, como leitores têm sempre razão e o livro já está no fim, não vale a pena comprar briga. Vamos lá! Um soneto de Francisca Júlia (1874-1920), também ligada ao Parnasianismo, e outro de Cruz e Sousa (1861-1898), poeta negro simbolista, e estamos conversados, que o cansaço da viagem já marca alguns rostos.

Certo?

ANGELUS

Desmaia a tarde. Além, pouco e pouco, no poente,
O sol, rei fatigado, em seu leito adormece:
Uma ave canta, ao longe; o ar pesado estremece
Do ângelus ao soluço agoniado e plangente.

Salmos cheios de dor, impregnados de prece,
Sobem da terra ao céu numa ascensão ardente.
E enquanto o vento chora e o crepúsculo desce,
A Ave-Maria vai cantando, tristemente.

Nest' hora, muita vez, em que fala a saudade
Pela boca da noite e pelo som que passa,
Lausperene de amor cuja mágoa me invade.

Quisera ser o som, ser a noite, ébria e douda
De trevas, o silêncio, esta nuvem que esvoaça,
Ou fundir-me na luz e desfazer-me toda.[64]

O ASSINALADO

Tu és o louco da imortal loucura,
O louco da loucura mais suprema.
A Terra é sempre a tua negra algema,
Prende-te nela a extrema Desventura.

---

64 Júlia apud Bandeira (Org.), *Antologia dos poetas brasileiros da fase parnasiana*, p.256.

Mas essa mesma algema de amargura,
Mas essa mesma Desventura extrema
Faz que tu'alma suplicando gema
E rebente em estrelas de ternura.

Tu és o Poeta, o grande Assinalado
Que povoas o mundo despovoado,
De belezas eternas, pouco a pouco…

Na Natureza prodigiosa e rica
Toda a audácia dos nervos justifica
Os teus espasmos imortais de louco.[65]

Não são poemas lindos? E os dois não parecem dialogar com o soneto de Olavo Bilac? A cena construída em *"Angelus"* de Francisca Júlia não poderia ter por cenário a "Vila Rica" de Bilac? E o trabalhador evocado em "O assinalado"… também não poderia dialogar com os conselhos de Bilac ao poeta?

Com a palavra vocês, caros leitores, caríssimas leitoras…

Agora, então, é fechar malas, embrulhar lembranças e preparar o coração para o regresso. Hora também de consultar a agenda e fazer balanço da viagem.

Com a palavra a guia da excursão, isto é, eu mesma.

Para efeitos literários, o século XIX pode ter dois fechos: ou se encerra um pouco antes da virada para 1900 ou então se estende até a guerra de 1914-8. Quase todas as concepções de lite-

---

65 Cruz e Sousa, Últimos sonetos. In: _____, *Obra completa*, p.201.

ratura que se sucederam ao longo dele parecem ter compartilhado, em doses maiores ou menores, a crença (ou o fazer de conta que acreditavam) na transparência da linguagem. Embeber-se em sentimentos, transmitir emoções, amarrar-se em verdades científicas do tempo, fazer o sentido emergir de contornos claros e realçados por torrentes de luz que destacam massas e volumes... são alternativas de que se valiam prosadores e poetas.

O século XIX foi um tempo de crença no poder criador da linguagem como forma de imaginar o mundo, ou como forma de recriar com transparência uma realidade que se acreditava que fosse definitiva. Nele se teceu uma literatura que se queria mimética do que se gostaria que fosse o real, do que se achava que era a realidade.

Mas seu final foi também o *começo do fim*: do fim da crença na transparência da linguagem, sobretudo da linguagem literária. Depois do século XIX, cai por terra a concepção de significações lineares e únicas. Foi exatamente radicalizando a aposta na possibilidade de uma reprodução não distorcida do real que a literatura do Realismo abriu caminho para seu oposto, deixando no ar a sugestão de que, mais do que um significado determinado, o que é próprio da literatura é encenar a significação.

Assim, já no final do século XIX, a literatura mergulha na grande aventura da significação provisória e que tem nesse provisório a arma de sua permanência. Mas o provisório não agrada sempre a todos. Às vezes até incomoda. O grande público – entre o qual às vezes me encontro (e espero que por lá também nos encontremos, leitor coletivizado!) – continua a apreciar e a consumir suspense e verossimilhança. Já o pequeno público – entre o qual às vezes também me encontro (e espero que por lá também nos encontremos, leitora múltipla, como eu!) – continua a resmungar por trás dos óculos de grau, com muxoxos de pouco caso.

Entre o grande e o pequeno público, apenas uma minúscula certeza: a de que literatura é o texto que permite o encontro de escritor e leitor. E de preferência que entre ambos se desmanchem e se refaçam pactos e acordos quanto a valores e representações. Grande público de um lado, pequeno público de outro, a literatura é a vertigem e o abismo.

Epa, leitor cambaleante! Não caia! Apoie-se ali na leitora, e continue a caminhada, que estamos quase chegando!

CAPÍTULO 15
NO QUAL, COM TODAS AS CARTAS EM JOGO, O CLUBE DOS LEITORES ANÔNIMOS APOSTA ALTO *NO QUE É LITERATURA* HOJE, E ARRISCA FICHAS *NO QUE ELA PODERÁ VIR A SER AMANHÃ OU DEPOIS*

"Metasoneto ou o computador irritado"

abba
baab
cdc
dcc
aabb
bbaa
ccd
dcd
cdc
dcc
abab
baab
blablablablablablablablablablablablablablablablablabla[66]

---

66 Paes, Meia palavra. In: _____, *Um por todos*, p.80.

Como se disse lá atrás, leitor esquecido, o século XXI começa cumprindo algumas promessas feitas ainda no século XIX. Foram adiadas para o século XX e... deixa para lá!

A incrível sucessão e simultaneidade de técnicas de comunicação e de reprodução prometeram que encontraríamos textos e literatura nos mais inesperados suportes. Fomos do manuscrito ao impresso e ao xerox, dos livros aos jornais e revistas, ao rádio e à televisão. Às fitas, discos, CDs e CD-ROMs, vídeos, DVDs... E internet. Mas uma nova linguagem, um novo suporte não liquida os anteriores. Convivem. Nosso mundo de hoje é cruzado de alto a baixo por linguagens. O velho livro continua existindo. E continuará, creio. Se é verdade que livros inspiraram telenovelas e filmes, é igualmente verdade que *games* e novelas inspiraram livros.

Continuamos, pois, vivendo nossa aventura de *seres de linguagem*.

A tecnologia trouxe – e desconfio que vai trazer cada vez mais – para dentro de nossa casa textos que, até ontem, aguardavam castamente, em volumes, que procurássemos sua companhia.

A leitora atenta me cutuca: mas quem é que falou em *casa?* Os espaços da literatura são também o ar livre dos espaços públicos. As mais incríveis engenhocas – e até celulares – trazem para nossa companhia na rua, no metrô ou na praia histórias e poemas que até há pouco tempo só ouvíamos e líamos no chamado recesso do lar.

E, falando em rua, leitores cosmopolitas...

A cidade moderna funciona como um gigantesco livro, coletivamente escrito e coletivamente lido. Nela, as mais variadas linguagens e códigos se cruzam e se fecundam mutuamente. A língua escrita invade a placa com o nome das ruas, os anúncios de lojas, os luminosos, os letreiros dos ônibus. Outras linguagens enovelam-se nesta: códigos e cores de sinais de trânsito. Formas, dizeres, logotipos, são mensagens. Nessa babel de linguagens, o transeunte da cidade passeia entre signos e símbolos que o advertem, como a esfinge na antiga Grécia: "Ou me decifras ou te devoro"! E lá cai devorado e atropelado o pedestre que não leu o sinal vermelho, e lá vai para a Vila Gilda a mocinha bonita que queria ir para Vila Cilza, mas não conseguiu ler a tempo o letreiro do ônibus.

Sorry, sorry, sorry... pobres desleitores urbanoides!

E pensar que a língua do trânsito e a da publicidade, ainda no século XX, já escreveram poemas, da lavra de poetas agudos como Décio Pignatari e José Paulo Paes:

Décio Pignatari, 1957[67]

José Paulo Paes[68]

67 Simon; Dantas (Orgs.), *Poesia concreta*, p.16.

68 Paes, op.cit., p.63.

É também na cidade que as superfícies lisas das paredes, os tapumes das construções, os pilares de viadutos e às vezes até as pedras da calçada adquirem a docilidade do papel. E registram mensagens de poetas anônimos nas grafitagens que roubam o olhar apressado do transeunte, e às vezes surpreendem pela beleza da anotação furtiva que taquigrafa o cotidiano.

Todas essas promessas – já apontadas na paisagem do século XX, leitora distraída... – tendem a intensificar-se ao longo do século XXI, lado a lado com a imensa herança da literatura em livros que tanto marcou – desde a imprensa de Gutenberg (inventada por volta de 1450) – práticas de leitura e conceitos de literatura.

Não poucas vezes, no entanto, os resmungões, que ao longo destas páginas ficaram buzinando em nossos ouvidos, identificam *literatura* exclusivamente com *livros* e ficam rezingando que o que se lê no computador, no mural do poste, no outdoor ou no anúncio do ônibus não é literatura! "Deixe que digam, que pensem, que falem", leitor impaciente... Livros – objetos tridimensionais, com capa e páginas, coladas ou costuradas –, como bem dizia nosso velho confrade Fernando Pessoa, nada mais são do que "papéis pintados com tinta".

Simultaneamente aos novos suportes e às novas mídias, (re)coloca-se a questão lá do começo dessa conversa entre nós, sócios de Clube dos Leitores Anônimos: livros e literatura são objetos transcendentais ou são apenas objetos tridimensionais? No século XXI, os livros – tal como os celebram cursos e falas mais conservadoras sobre literatura – vivem momentos de glória, numa multiplicação quase infinita de clonagens! Como nunca antes, o livro hoje se desdobra em tamanhos, em texturas e estruturas.

Pudera!

Com os recursos técnicos da indústria gráfica e os recursos financeiros de que dispõe a indústria do livro, a literatura se derrama por uma incrível diversidade de formas: livros de capa dura e livros de capa mole, que cabem no bolso ou que precisam de suporte para ser lidos. Objeto que se puxa, que se dobra, que se corta, que se cola, que se arranha, que se vira, que se empurra, que se gira, que se equilibra, que se desmancha, que se remonta, que se lê de ponta-cabeça e de baixo para cima… tem tudo a ver, sim, com a aranha já mencionada lá atrás, no segundo capítulo. Como a aranha, os livros tecem sua teia, rede que enrola e que enreda. Como eu dizia…

O que é mesmo que eu dizia, *leitores sócios meus e meus tiranos?* Ah, sim… os livros.

Com a invenção da imprensa e com o aprimoramento da indústria do papel, a literatura migrou dos manuscritos em pergaminhos e em rolos, para os livros tal como os conhecemos hoje. Com a incrível multiplicação contemporânea de técnicas de reprodução, a literatura vai pegando caronas e se derramando para fora dos livros, manifestando-se em textos reproduzidos pelas mais diferentes tecnologias: mimeógrafo e xerox operaram misérias na indústria livreira e maravilhas na vida dos leitores, não é, leitora clandestina?

Mas parece que nada se compara ao que fizeram computador e internet. Ao que internet e computador fizeram, continuam fazendo e farão ainda por um bocado de tempo de maneiras hoje ainda imprevisíveis... E de maneiras de que talvez nem suspeitemos.

Ou você suspeita, leitor digitalizado? *User ID* e senha na mão, *cyberleitora*?! Cá vamos então, fechando a viagem, em ritmo de *bits & bytes*.

O computador afeta profundamente o mundo literário.

Em primeiro lugar, ele favorece formas alternativas, mais baratas e mais práticas de distribuição de textos. Bancos de textos e sites disponibilizam livros, jornais e revistas. De hoje, de ontem e de anteontem! Na verdade, ficam à mão bibliotecas inteiras, que podem ser impressas ou legíveis apenas na telinha. A escolha é do freguês. Isto é, do leitor. O computador também favorece a produção de *e-books*, *portáteis* como este. Livros eletrônicos são ótimos, mas não são o fim do impresso. Vivem junto, e sem brigar, com seus irmãos mais velhos, os livros de papel e tinta.

O uso da informática, tanto na produção quanto na leitura de textos, permite ainda que percebamos, muito mais rapidamente, duas características marcantes da literatura contemporânea: a metalinguagem e a intertextualidade.

Ainda comigo, metaleitores e interleitoras?

Já estamos quase encerrando...Só mais um pouquinho de paciência...

A literatura contemporânea vive falando de si mesma, num autocentramento de dar complexo até em divã de analista. É grande a produção de poesia que fala de poesia: o poeta fala de poetas, o escritor fala de seu ofício, o conto conta história de contista, mundinho autorreferente, girando em torno do próprio umbigo.

Mas tem charme, como o conto de Sérgio Sant'Anna, que desde o título dá a maior bandeira: "Os contistas", ou o poema IX de *Arranjo para assobio*, de Manoel de Barros:

O poema é antes de tudo um inutensílio.

Hora de iniciar algum
Convém se vestir de roupa de trapo.

Há quem se jogue debaixo de carro
Nos primeiros instantes.

Faz bem uma janela aberta.
Uma veia aberta.

Para mim é uma coisa que serve de nada o poema
Enquanto vida houver

Ninguém é pai de um poema sem morrer.[69]

O poema de Manoel de Barros é um belo exemplo de metalinguagem: o poeta fala do poema. São também metalinguísticos os versos mais antigos, em que Cecília Meireles exclama: "Palavras, ai palavras, que estranha potência a vossa!". Nasce a meta-

---

69 Barros, Gramática expositiva do chão. In: _____, *Poesia quase toda*, p.208.

linguagem quando escritores dividem com seus leitores suas ruminações sobre o que fazem. *Metalinguagem*, portanto, leitor meticuloso, é linguagem que fala de si mesma...

Já quando o texto menciona direta ou indiretamente um escritor ou um escrito, diz-se que ocorre *intertextualidade*. Livros – é verdade – sempre falaram de livros, mas hoje essa tendência se intensificou muito: uma obra se refere a outra, que se refere a outra, que se refere a outra, numa rede quase infinita de menções múltiplas e recíprocas.

Entendido?

É isso que se chama *intertextualidade*.

Não é proparoxítona, não tem agá, mas é uma palavra de oito sílabas: in-ter-tex-tu-a-li-da-de! Palavra a que você foi apresentada lá atrás, no quarto capítulo, lembra, leitora desmemoriada? Neste livro aqui, com tantas epígrafes e citações, a intertextualidade se faz muito presente. Cada epígrafe (Ops! Aquele texto curtinho que vem em *itálico* na parte superior direita da página ou tela de abertura de cada capítulo) é um exemplo de intertexto: tem a função de apresentar, pela voz de terceiros, algum tópico/assunto desenvolvido no capítulo.

Sacou?

Mas essa corrente de citações não ocorre só na literatura. Você já viu o que Salvador Dalí fez com a Mona Lisa de Leonardo da Vinci? Ou já ouviu na canção "Terezinha canta Terezinha", de Chico Buarque, o trecho em que ele reescreve a canção infantil "Terezinha de Jesus"?

Então, veja só, complicação à vista: não se pode dizer que a intertextualidade seja invenção recente, nascida em práticas literárias contemporâneas. Nada disso, queridos leitores!

A intertextualidade é freguesa antiga da literatura. Aliás, da arte. Assumiu diferentes formas em diferentes momentos de diferentes tradições culturais. Veja, no caso da literatura brasileira, como poetas e romancistas, solidariamente, vão citando uns aos outros e os outros aos uns, tornando-se o texto literário uma espécie de rede de textos.

Rede sem fundo, na qual ecoam muitos e muitos textos.

No hoje longínquo século XVIII, Tomás Antonio Gonzaga gabava-se para sua Marília:

> Eu tenho um coração maior que o mundo
> Tu, formosa Marília, bem o sabes:
> Um coração, e basta,
> Onde tu mesma cabes.[70]
> [...]

A esta confissão/declaração responde outro poeta, nosso velho conhecido Carlos Drummond de Andrade, num poema publicado na primeira metade do século XX:

> Não, meu coração não é maior que o mundo.
> É muito menor.[71]
> [...]

---

70 Gonzaga, *Marília de Dirceu*, p.94.
71 Drummond de Andrade, Mundo grande. In: _____, *Poesia completa e prosa*, p.116.

Também num dos mais conhecidos contos machadianos, "A missa do galo", a sedutora Conceição pergunta a seu hóspede insone, na véspera de Natal:

> – Que é que estava lendo? Não diga, já sei, é o romance dos Mosqueteiros.
> – Justamente: é muito bonito.
> – Gosta de romances?
> – Gosto.
> – Já leu *A moreninha*?
> – Do dr. Macedo? Tenho lá em Mangaratiba.[72]

Ou seja, leitora sucinta, não se pode mesmo dizer que intertextualidade seja uma invenção moderna. Mas se pode observar – com razão – que ultimamente a prática ficou explícita e frontal, e que é no hipertexto que ela melhor se manifesta.

Hipertexto e intertexto: são uma rima e uma solução, hiperleitor drummondiano!

O hipertexto materializa e favorece o tipo de leitura – intertextual – que com frequência a literatura pede. Eletronicamente armazenado, o hipertexto (um *texto-mãe*, leitora maternal?) guarda, subjacente a cada um de seus elementos constituintes, outros textos com os quais se articula. Um hipertexto é, assim, uma malha de textos eletronicamente articulados por seu autor, podendo o leitor, ao navegar por ele, atualizar ou não as articulações previstas. Por isso o hipertexto parece constituir o suporte tecnológico que melhor favorece escrita e leitura intertextuais.

---

72 Machado de Assis, A missa do galo. In: _____, *Obra completa*, p.608.

Através dele começamos a perceber os horizontes fecundos que os computadores abrem para o mundo das letras, da leitura, da literatura.

E não é só a produção literária que é positivamente afetada pelo mundo digital. A informática contribui muito também para os *estudos literários*.

Quer ver por quê?

Simples: a teoria do hipertexto fortalece uma concepção de literatura que a entende como um tipo de discurso cuja leitura supõe um leitor capacitado a recuperar de forma consciente as formas de intertextualidade – menções a outros textos – presentes em cada texto que ele lê.

Nesse sentido, a leitura se mostra mais gratificante quando o leitor tem familiaridade com o repertório de textos com que se articula cada um dos textos que lê, repertório em constante expansão, mais e mais aberto, quanto mais o leitor lê.

Os textos se enredam mutuamente porque constituem uma rede, porque um remete a outro, que remete a outro, que remete a outro. Tantos *outros* quantos, em sua memória, o leitor conseguir agenciar. No campo da *intertextualidade* e da *hipertextualidade*, torna-se possível o trânsito de uma linguagem a outra, enlaçando-as em significados que, transcendendo ambas, criam uma terceira. Textos e linguagens em rede. Teia de textos. Uso a expressão *teia* de forma intencional: homenagem discreta àquela aranhazinha egípcia ou norte-americana que mencionei com tão pouca cerimônia lá atrás no Capítulo 2.

Esse diálogo interlinguagens (intersemiótico) também não é
novidade do tempo nosso, tempo do computador.

O diálogo interlinguagens já se fazia presente em inscrições
de muitos mil anos atrás, em rochas e cavernas. Em algumas
delas, a representação de um vulto de animal era às vezes acompanhada de sinais gráficos que (*supõe-se*! apenas *supõe-se*, leitor
crédulo!) representavam a denominação do animal ou formas
propiciatórias para a captura dele, ou, talvez, fórmulas rituais…
caso o animal fizesse parte de algum culto religioso.

A intertextualidade superpõe códigos e linguagens, o que
também ocorre, por exemplo, quando a linguagem verbal se articula à linguagem visual, como foi o caso – lá atrás, lembra? – do
poema dos irmãos Varela sobre a cruz, do poema de Décio Pignatari e do de José Paulo Paes.

Também ocorre intertextualidade quando as artes visuais se
inspiram em obras literárias (como o quadro *Moema*, de Victor
Meirelles, inspirado na personagem do poema "Caramuru", de
Santa Rita Durão).[73] Ou, ainda, quando a obra literária tematiza
obras musicais como o belo romance *Variações Goldman*, de Bernardo Ajzemberg,[74] em que a menção constante e significativa a
uma peça de J. S. Bach (*Variações Goldberg*) constitui uma espécie
de partitura da vida da personagem. Ou o romance *Ribamar*, de

73 O poema pode ser lido em: <http://objdigital.bn.br/Acervo_Digital/Livros
_eletronicos/caramuru.pdf>; o quadro pode ser visto em: <http://artefon
tedeconhecimento.blogspot.com.br/2015/03/moema-victor-meirelles-1866.
html>.

74 Cf. Ajzemberg, *Variações Goldman*, 1998.

José Castello, que volta e meia evoca a *Carta ao pai* de Kafka, e uma cantiga de ninar. Ou... Uau! Não é que ia me esquecendo? Quando Monteiro Lobato faz dom Quixote visitar o sítio de Dona Benta, ou quando Silviano Santiago inventa, no livro *Em liberdade*, um diário de Graciliano Ramos.

Viabilizado pela atual tecnologia digital disponível, ao facilitar múltiplas e simultâneas alusões de um texto a outros, o *hipertexto* estabelece vínculos fortes com a noção de *intertexto* que, enquanto ferramenta analítica, o antecipa e anuncia.

É como se o hipertexto materializasse o sonho da intertextualidade, da polifonia e da multimedialidade que já buscava realização em antigos poemas-objeto do século XVII, nos caligramas de Apollinaire (1880-1918), nos poemas dos concretistas brasileiros dos anos 1950.[75]

São, então, nada menos do que os pressupostos dessa sofisticada poética, cuja leitura se fazia por uma glamorosa mas pouco numerosa vanguarda de leitores (e que no Brasil até hoje é polêmica e acirra paixões e maus modos...) que agora se disponibilizam para uma imensa massa de consumidores: os internautas dos quatro cantos do mundo...

Não é mesmo, leitora descolada?

Por hipótese, agora, seus consumidores podem ser tantos quantos são os navegantes da www, que tiveram sua alfabetização

---

75 Os caligramas de Apollinaire podem ser facilmente encontrados na internet. Alguns exemplos podem ser vistos em: <https://educacao.uol.com.br/disciplinas/portugues/poesia-visual-de-apollinaire-aos-concretistas.htm>.

em games & softwares e que nos perguntam a nós, mestres em letras & literaturas: "trouxeste a chave?".

E ai de nós se não a trouxermos, que sem password não há travessia para a net e a net é um outro mundo, do qual estamos apenas no vestíbulo.

Mundo grande demais para as magras linhas deste despretensioso livrinho/ebook! Despretensioso sim, mas com todo respeito, leitor abusado!

Pois ao lado de tentar *responder a* questões, acredito que um livro precisa *renovar* questões, recolocá-las de ângulos novos, refinar perguntas, aguçar curiosidades. O departamento das respostas é sempre território livre do leitor, senhor absoluto de sua cabeça e de sua vontade, e que vai procurar respostas em múltiplas fontes, internet e bibliotecas.

E, independentemente das respostas a essas e a outras questões, mas dependendo de sua cabeça e de sua vontade, a literatura no século XXI – quaisquer que sejam as formas que dela sobrevivam ou as novas que se vierem a inventar – continuará seu velho ofício de arrumar em palavras o desarrumado das cabeças e dos corações.

Ou desarrumar o arrumado.

De todos.

De crianças, de homens e de mulheres como nós e diferentes de nós.

Em prosa e verso.

E em ritmo de vice-versa…

... No mais, queridos leitores e amadas leitoras, é hora de chegar da viagem e fechar este livro! E depois abrir outros, muitos outros: livrões e livrinhos, jornais e revistas, fanzines e homepages, sites e hipertextos, DVDs, panfletos, jornais, fitas, CDs. E ouvir música e cantar e seguir novelas, que a festa é de arromba e, já se sabe, "o melhor o tempo esconde longe, muito longe, mas bem dentro aqui".

O que é literatura?

Ora, com a palavra meus queridos leitores e amadíssimas leitoras, a quem agradeço penhorada a companhia e a discussão ao longo destas longas maltraçadas!

Capítulo 16
No qual se sugerem livros para a biblioteca do Clube dos Leitores Anônimos

Aleluia que li Baudelaire em Baudelaire!
não o seu santo evangelho segundo Walter Benjamin[76]

Ao longo das páginas anteriores, foram mencionados livrões e livrinhos, sites e similares objetos de leitura. Que sejam bem--vindos todos os textos, principalmente aqueles de que se gosta ou dos quais se vem a gostar na solidão do encontro. Afinal, para quem quer saber *o que é literatura* o melhor é mergulhar na própria, sem fronteiras e sem delongas, sem esquecer nada nem ninguém.

Ao lado dessa leitura, para muitos pode interessar a leitura de textos que se perguntaram e se responderam, em diferentes mo-

---

76 Garcez, Aclamação. In: _____, *Telhado de vidro*, p.81.

mentos e em variadas situações, *o que é, como se faz e para que serve* literatura.

Para estes, aqui vão algumas sugestões. Cardápio caprichado, ainda que light. E o lembrete de que cardápios de leitura, livros recomendados, coisas assim, têm sempre o sotaque de quem os organizou.

Não é assim?

Então, mãos à obra e olhos aos livros. Ou dedos às teclas e olhos aos sites:

Abreu, Márcia. *Cultura letrada:* literatura e leitura. São Paulo: Ed. Unesp, 2006.

Candido, Antonio. *Literatura e sociedade.* Rio de Janeiro: Ouro sobre Azul, 2006.

Ceia, Carlos. *E-Dicionário de termos literários.* Disponível em: <http://www. edtl.fcsh.unl.pt>.

Eagleton, Terry. *Teoria literária:* uma introdução. São Paulo: Martins Fontes, 2003.

Hemeroteca Digital Brasileira. Disponível em: <http://memoria. bn.br/hdb/periodico.aspx>.

Projeto Gutenberg. Disponível em: <https://www.gutenberg. org/>.

E aqui chegamos ao *the end*, pacientes leitoras e leitores.

The end?

Que nada!

Tenho certeza de que a gente ainda se encontra por aí...

Referências bibliográficas

ADET, Emílio; SILVA, Joaquim Norberto de Souza e. Introdução sobre a literatura nacional. In: ZILBERMAN, Regina; MOREIRA, Maria Eunice. *O berço do cânone*. Porto Alegre: Mercado Aberto, 1998.

AJZEMBERG, Bernardo. *Variações Goldman*. Rio de Janeiro: Rocco, 1998.

ALENCAR, José de. *Iracema*. São Paulo: Edusp, 1979.

_____. *Lucíola*. São Paulo: Moderna, 1998.

ALMEIDA, Manuel Antônio de. *Memórias de um sargento de milícias*. São Paulo: Ática, 1975.

ÁLVARES DE AZEVEDO, Manuel Antônio. Lira dos vinte anos. In: PIRES, H. (Org.). *Obras completas de Álvares de Azevedo*. São Paulo: Nacional, 1942.

AMORA, Antônio Soares. *Presença da literatura portuguesa*. São Paulo: Difel, 1974.

ANDRADE, Mário de. Prefácio interessantíssimo de *Pauliceia desvairada*. In: *Poesias completas*. São Paulo: Martins, 1966.

AZEVEDO CASTRO, Ana Luisa. *Dona Narcisa de Vilar*. Florianópolis: Mulheres, 1997.

AZEVEDO, Aluísio. *O homem*. São Paulo: Martins, [s.d.].

BALEIRO, Zeca. Samba do approach. In: *Vô imbolá*. Polygram, 01197 2.

BANDEIRA, Manuel. Os sapos. In: *Estrela da vida inteira*. Rio de Janeiro: José Olympio, 1966.

_____. Vou-me embora pra Pasárgada. In: *Estrela da vida inteira*. Rio de Janeiro: José Olympio, 1966.

_____. (Org.). *Antologia dos poetas brasileiros da fase parnasiana*. Rio de Janeiro: Imprensa Nacional, 1937-1938.

BARROS, Manoel de. Gramática expositiva do chão. In: *Poesia quase toda*. Rio de Janeiro: Civilização Brasileira, 1990.

BILAC, Olavo. *Poesias*. Org. Ivan Teixeira. São Paulo: Martins Fontes, 1997.

BRASIL, Joaquim. *Eros, tecelão de mitos*: a poesia de Safo de Lesbos. São Paulo: Estação Liberdade, 1991.

BUARQUE, Chico; BOAL, Augusto. Mulheres de Atenas. In: *Meus caros amigos*: Philips, 1976.

CAMARGO, Oswaldo (Org.). *A razão da chama*: antologia de poetas negros brasileiros. São Paulo: GDR, 1986.

CAMÕES, Luís de. *Lírica completa I*. Pref. e notas Maria de Lurdes Saraiva. Lisboa: Imprensa Nacional-Casa da Moeda, 1980.

_____. *Os Lusíadas*. Org. Emanuel Paulo Ramos. Porto: Porto Editora, [s.d.].

CANDIDO, Antonio. *Formação da literatura brasileira*. Rio de Janeiro: Ouro sobre azul, 2006.

_____. *Literatura e sociedade*. Rio de Janeiro: Ouro sobre azul, 2014.

CASTRO ALVES, Antônio Frederico de. Adeus, meu canto. In: *Obras completas*. Rio de Janeiro: Livraria Francisco Alves, 1921.

COELHO, Paulo. *O alquimista*. Rio de Janeiro: Rocco, 1995.

CRUZ E SOUSA. Últimos sonetos. In: *Obra completa*. Rio de Janeiro: Nova Aguilar, 1995.

DIMAS, Antonio (Org.). *Aluísio Azevedo*. São Paulo: Abril Educação, 1980.

DRUMMOND DE ANDRADE, Carlos. Mundo grande. In: *Poesia completa e prosa*. Rio de Janeiro: Nova Aguilar, 1973.

EAGLETON, Terry. *Teoria literária*: uma introdução. São Paulo: Martins Fontes, 2003.

FAGUNDES VARELA. *Poesias completas de L. N. Fagundes Varela*. Org. e apuração de texto Miécio Tati; E. Carrera Guerra. São Paulo: Nacional, 1957.

FONTELA, Orides. *Teia*. São Paulo: Geração 1996.

GARCEZ, Maria H. N. Aclamação. In: *Telhado de vidro*. São Paulo: João Scotecci, 1988.

GEDEÃO, António. *Poesias completas (1956-1957)*. Lisboa: Portugalia, 1971.

GIUDICE, Victor. *Conto inédito, 1996*. In: MATTOS, Carlos Alberto de. *Jornal do Brasil*, Segundo Caderno, 1998.

GONÇALVES DIAS, A. Ainda uma vez adeus. In: *Poesia Completa e prosa*. Rio de Janeiro: José Aguilar, 1959.

GONZAGA, Tomás Antônio. *Marília de Dirceu*. São Paulo: Martins, 1972.

JOSÉ, Emiliano. *Carlos Marighella*. São Paulo: Sol e Chuva, 1997.

LAURITO, Ilka Brunhilde. Saldo. In: *Saldo lírico*. São Paulo: Quirón, 1978.

LEITE, Sebastião Uchoa. *Obra em dobras*. São Paulo: Duas Cidades, 1988.

LEMINSKI, Paulo. *Caprichos & relaxos*. São Paulo: Brasiliense, 1983.

MACEDO, Joaquim Manuel de. *A moreninha*. Rio de Janeiro: Lacerda, 1997.

MACHADO DE ASSIS, Joaquim Maria. A missa do galo. In: *Obra completa*. Rio de Janeiro: José Aguilar, 1962.

_____. Anedota pecuniária. In: *Obra completa*. Rio de Janeiro: José Aguilar, 1962.

_____. *Memórias póstumas de Brás Cubas*. In: *Obra completa*. Rio de Janeiro: José Aguilar, 1962.

MARTORELL, Joanot. *Tirant lo Blanc*. Trad. Cláudio Giordano. Prólogo Vargas Llosa. São Paulo: Giordano,1998.

MATOS, Gregório de. A uma dama, pela mesma ideia. In: *Obras completas*. São Paulo: Cultura, 1945.

MATTOSO, Glauco. *Língua na papa*. São Paulo: Pindaíba, 1982.

MELLO, Thiago de. Palavra perto do peito. In: *De uma vez por todos*. Rio de Janeiro: Civilização Brasileira, 1996.

MENDES, Murilo. A estátua do alferes. In: *História do Brasil*. Rio de Janeiro: Nova Fronteira, 1991.

MINISTÉRIO DO TRABALHO. Secretaria de Políticas de Emprego e Salário. *Classificação brasileira de ocupações*, [s.d.].

MONTEIRO LOBATO, José Bento Renato. Marabá. In: *Negrinha*. 7.ed. São Paulo: Brasiliense, 1956.

_____. *Zé Brasil*. Rio de Janeiro: Editorial Vitória, 1948.

PAES, José Paulo. Meia palavra. In: *Um por todos*. São Paulo: Brasiliense, 1986.

PAIXÃO, Fernando. Retrato. In: *25 azulejos*. São Paulo: Iluminuras, 1999.

PESSOA, Fernando. Odes de Ricardo Reis. In: *Obra poética*. Rio de Janeiro: José Aguilar, 1969.

SAINT-PIERRE, Bernardin de. *Paul et Virginie*. Paris: Le Livre de Poche, [s.d.].

SILVEIRA, Oliveira. Charqueada grande. In: CAMARGO, Oswaldo (Org.). *A razão da chama*: antologia de poetas negros brasileiros. São Paulo: GDR, 1986.

SIMON, Iumna Maria; DANTAS, Vinicius (Orgs.). *Poesia concreta*. São Paulo: Abril Educação, 1982.

SPINA, Sigismundo. *A lírica trovadoresca*. São Paulo: Edusp, 1991.

VELOSO, Caetano. Clara. In: *Caetano Veloso*. Rio de Janeiro: Polygram, 1986.

VOGT, Carlos. Advertência. In: *Geração*. São Paulo, Brasiliense: 1985.

SOBRE O LIVRO

Formato: 14 x 21 cm
Mancha: 24,6 x 38,4 paicas
Tipologia: Adobe Jenson Regular 13/17
Papel: Off-white 80 g/m² (miolo)
Cartão supremo 250 g/m² (capa)
1ª edição Editora Unesp: 2018
3ª reimpressão: 2023

EQUIPE DE REALIZAÇÃO

Edição de texto
Silvia Massimini Felix (Copidesque)
Tomoe Moroizumi (Revisão)

Capa
Negrito Editorial

Editoração eletrônica
Eduardo Seiji Seki

Assistência editorial
Alberto Bononi
Richard Sanches

Rua Xavier Curado, 388 • Ipiranga - SP • 04210 100
Tel.: (11) 2063 7000 • Fax: (11) 2061 8709
rettec@rettec.com.br • www.rettec.com.br